AF451451

كتاب_ثورة_الفن

جميع الحقوق محفوظة

احمد حسن مشرف، ١٤٣٩هـ
فهرسة مكتبة الملك فهد الوطنية أثناء النشر

مشرف، أحمد حسن حمزه
ثورة الفن : كيف يعمل الفنان وكيف يعمل الآخرون .
/ احمد حسن حمزة مشرف - ط٢ . . جدة، ١٤٣٩هـ
١٩٨ ص
ردمك : ٩٧٨٦٠٣٠٢٦٤٩٨٨

١- الفنانون ٢- النجاح ٣- السعادة أ. العنوان
ديوي ٧٠٠,٩٢   ١٤٣٩ / ٤٧٤٣

رقم الإيداع : ٤٧٤٣ / ١٤٣٩
ردمك : ٩٧٨٦٠٣٠٢٦٤٩٨٨

ثورة الفن

كيف يعمل الفنان ... وكيف يعمل الآخرون

أحمد حسن مشرف

محتوى الكتاب

أحمد مشرف ... شاب أعمال، وكاتب شبه يومي في مدونته (*amoshrif.com*) متزوج وأب لثلاثة بنات، يسعى للتغيير من خلال توثيق الخبرات والتدوين عن عالم الأعمال الفن وسيكلوجيا الإنسان، ونقلها للباحثين عنها.

وهو أيضاً ... مؤسس مبادرة وشركة «توثيق» لتوثيق الخبرات والنشر.

للتواصل مع الشركة:

info@tawtheeq.me

صدر له:

مدوان: عن العمل والفن وسيكلوجيا الإنسان

وهم الإنجاز: كيف يتحرك العامة وماذا يحفزهم

للتواصل مع الكاتب:
@Amoshrif

إهداء

لأبي وأمي الغاليين ... حسن وسامية

إخوتي ... إيمان وإلهام وإياد وأروى وإيناس

زوجتي الغالية ... التي تحملت وعثاء الحياة معي، وكآبة الصبر عليّ

خلود شقرون

إبنتي التي أرى فيها حياتي وأملي، وكل الحب الذي وهبه الله في عواطفي ..

ســــــرين

جزيل الشكر إلى ...

إبراهيم عباس، مهند كساب، محمد هشام حافظ، غسان خان، نايف فايز، نائل فايز، محمد البكري، رامي حجاج، عمر مندورة، سليمان عزاية، أحمد هوساوي، محمود الكالي، أحمد باقادر، محمد بلو، أكرم جمل الليل، قسورة الخطيب، علي شنيمر وممدوح سيف ... وغيرهم من لم تسعه كلماتي كما وسعهم قلبي.

فمنكم أخذت مؤونة العمل والمعرفة ...

وشكر خاص ...

لرامي شاكر

بك ومعك ... بدأ عشقي لحياة العمل... (بفن)

وعمار شطا

إن خير من استأجرت ... القوي الأمين

«أنا لستُ ما حصل لي، أنا ما اخترت أن أكون»

- كارل يونج

«الوظيفة هي أن تفعل ما يُطلب منك .

الوظيفة هي أن تظهر في المصنع ، تتبع التعليمات ، تحضر الاجتماعات ، وأن تُدار من قبل الغير .

دائماً ما يوجد شخص آخر يقوم بوظيفتك ، أفضل منك قليلاً أو أسرع منك أو أقل منك تكلفة .

قد تكون الوظيفة صعبة ، وقد تتطلب مهارة محددة ، لكنها وظيفة .

فنُك : هو أن تفعل ما لا يستطيع أحد أن يخبرك كيف عليك القيام به ، فنُك : هو العمل على تحمل المسؤولية ، وأن تتحدى الوضع الراهن ، وأن تغير الناس .

أُسمي عملية صنع الفن «العمل» . من الممكن أن تعمل في ظل وجودك في الوظيفة أيضاً .

في الحقيقة ، هذه هي الطريقة التي يمكنك أن تكون بها الجزء الحيوي ... الوظيفة ليست العمل» .

– سيث جودين: من كتاب/ لينشبين: هل أنت شخص يمكن الاستغناء عنه؟

مقدمة

كل إنسان في هذا العالم يملك حياتين ... حياة يعيشها، وحياة يفترض به أن يعيشها. هذا الكتاب للأشخاص الذين يريدون أن يعيشوا حياتهم الثانية.

يفكرون لأنفسهم ... يعملون لأنفسهم، وينجزون لأنفسهم والأهم أن حياتهم في النهاية لهم، وليست لغيرهم كحياتهم الأولى التي يعيشون فيها الآن.

هذا الكتاب هو خلاصة بحث عام كامل عن حياة عدد كبير من الفنانين (مخترعين، ملحنين، كُتّاب، رجال أعمال، إلخ ...) وعن أهم العناصر التي صنعت بدورها التغيير في حياتهم التي تختلف كُليًا عن حياة الموظفين العاديين.

فأي فنان منهم يعمل على فنه الذي اختاره لنفسه، ويعمل الموظف غالبًا في المجال التي توفر له مع الظروف. يزداد تعلق الفنان بعمله كل يوم؛ ليبحث الموظف في المقابل عن التقاعد أو مجال جديد في أقرب فرصة. ودون ذكر عشرات الفروقات بين حياة الفنان وحياة الموظف أو مؤدِ العمل، تزداد حياة الفنانين جمالاً رغم مصاعبها،

وتزداد الأمور تعقيدًا عند كل موظف يؤدي العمل . والخبر السعيد هنا هو تأكدي من وجود حياة أخرى يمكن للموظف أن يعيشها أفضل من استسلامه لتأدية العمل فقط ، متناسيًا وجود عالم آخر يمكن أن يعيش فيه .

- أن تختار فنًا تعيش معه في حياتك ، أو . . .

- أن تمارس عملك وحياتك التي اعتدتها بطريقة مختلفة ؛ حتى تصبح ذلك الفنان .

هذه النقطتان هي باختصار كل ما يدور حوله هذا الكتاب .

تحياتي
أحمد

الجزء الأول: أن تكون إنسانًا لا أن تكون مؤديًا للعمل

ما هو الفن؟

يعرِّف قاموس أكسفورد الفن كما يلي :

*Art**

"The expression or application of human creative skill and imagination, typically in a visual form such as painting or sculpture, producing works to be appreciated primarily for their beauty or emotional power".

الفن : «هو التعبير أو التطبيق للمهارات البشرية الخلاقة والخيالية ، وعادة تتمثل في شكل بصري مثل الرسم أو النحت ، وإنتاج أعمالاً لتكون موضعًا للتقدير في المقام الأول لجمالها أو طاقتها العاطفية» .

أجد أن هذا التعريف يغني عن أي محاولة فلسفية لشرحه ؛ فالفن يرتبط مع عواطفنا بالدرجة الأولى ، ولن يحدث ويتحول الفن لعمل إبداعي دون ارتباطه بالضرورة أيضًا بأحاسيس حقيقية .

وبتعريف إضافي . . الفن : هو تأدية العمل . . . بعاطفة كبيرة ، دون البحث عن خريطة أو قواعد لنلتزم بها لتأدية العمل .

الإحساس:

عندما ندخل المطعم نشعر مباشرة بضيق النادل من عمله أو من أداء الخدمة التي يجب أن يقدمها على أكمل وجه ، وربما قد يُساهم ضيقه بشكل غير مباشر على تقييمنا في المطعم ، أو بتعكير صفو الجلسة أو حتى فقط بوجود إحساس داخلي يقول لنا «هناك شيء خاطئ في هذا المكان» ... لتستمر الجلسة بوجود «شيء ما سلبي هنا!» وإن لم نعترف شفهيًا بذلك . وحتى عندما نتعامل مع أطراف أخرى داخل إطار عملي لن يصعب كثيرًا اكتشاف وجود مشكلة ما من نبرة صوت الموظف أو تعامله ، أو حتى تعابير وجهه التي قد تكشف حبه أو كرهه لعمله أو لرئيسه !

تتحول هذه الطاقة السلبية من قبل الموظف لكل المحيطين من حوله ، يشعر بضيقها الزملاء والمراجعين ، ورئيسه ، يصبح مع الوقت هذا الموظف «آلة إنسانية» ، تؤدي ما تُمليه عليه الأوراق والقوانين دون أحاسيس ، مفتقدًا كل العواطف الإنسانية التي يجب أن يعيش بها في عمله وحياته مثل الحب ، الشغف ، الاشتياق ، الحيرة ، غريزة المساعدة وغيرها .

عندما قررت كتابة هذا الكتاب ، تساءلت ... ما هي معوقات أن يُسجل المرء اسمه على صفحات التاريخ؟ محدثًا به تغييراً ما لهذه البشرية ، أو بطولة خاضها في أحد الأزمنة .

ربما حرب قد يفوز بها أو نظام ما قد صنعه لمجتمعه ، أو الشعور بإثارة أحد الأجواء الرياضية الحماسية بتحقيق بطولة ما !

أصبحت أفكاري تدور حول هذه الأسئلة :

- لماذا يوجد هناك أشخاص على هذه الأرض يظل التاريخ محتفيًا بهم ، رغم موت بعضهم منذ زمن بعيد؟

- لماذا يوجد منهم كُثر ، وربما أعيش مع بعضهم في هذه الحقبة قد نجحوا في تحقيق بعض الإنجازات التي تستحق الإشادة على أقل تقدير ، وتم نسيانهم حينما اختفوا لبعض الوقت؟

- هل يمكن لأي موظف أن يسجل اسمه في صفحات التاريخ؟ فقط باستمراره بأداء عمله ووظيفته التي اختارتها له ظروفه؟

وجدت أن هناك عدة عوامل يجب أن تؤخذ بعين الاعتبار؛ ليتم تخليد تلك البصمة التي أتحدث عنها . وبطبيعة الحال نحن كمجتمع عربي ، نميل عادةً للبحث عن الإثارة في الجوانب الخاصة بالشخصيات التاريخية ، وأبطال الأزمنة في شتى المجالات دون التطرق في حالات كثيرة للبحث عن الآليات والكواليس التي أوصلت بهذه الشخصيات إلى ما وصلت إليه ، وربما لن يخفى على القارئ العادي أن معظم الشخصيات التي سُجلت في التاريخ لتُنقل لنا الأحداث والمواقف الخاصة بهم ، قد تم تناول معظمها من ناحية إيجابية مفعمة بالإثارة بعيداً عن الحيادية (وهنا قد يطول الشرح حول دقة التوثيق ، ومصداقيته بالدرجة الأولى) .

لكن على كل حال يمكن لك بمراجعة سريعة عند الاطلاع على تلك التجارب عن كثب اكتشاف «البصمات» التي سُجلت، والتي كان لها التأثير الأكبر خلال الفترة المعاصرة والأزمنة القديمة. وهنا أؤكد لك أن جميع العظماء لم يكونوا مجرد مؤدين للعمل المطلوب، بل كانت تملأ حياتهم طموحات وأعمال وجهود كثيرة غير ما ظهر منها للآخرين.

ثورة الفن:

ثورة الفن باختصار، هي الزمن القادم . . . هي أن يعيش الإنسان فيها فنه الذي لا ينتظر من أحد أن يحكم عليه إن كان يجب أن يقوم به أو لا.

ثورة الفن . . . هي نضوج الإنسان العلمي والحياتي الذي سيرسم له قراراته ومعيشته التي يستحقها، دون التعايش الحالي مستسلمًا للعبودية بشكلها المحترم والموقر تحت مُسمى الوظيفة وكفى!

ثورة الفن . . . هي أن تؤدي العمل الذي تريده فقط . . . وكل يوم.

حياتنا مليئة بالبيروقراطية، مليئة بموظفين لا يحبون أعمالهم، مليئة بأشخاص كرسوا حياتهم لخدمة حياة آخرين يكرهونهم ويكرهوهم؛ حتى إن لم يملكوا تلك الجرأة ليعترفوا بذلك. أصبحت الأغلبية تستيقظ صباحها الباكر؛ لتعيش دور الآلة التي تُنفذ ما يُملى عليها فقط، خوفًا من

أوضاع وردود أفعال غريبة ساهم هو بوضعها وتثبيتها في هذه الحياة مع إنسان آخر !

مشكلة «الإنسانية الآلية» -كما أحب أن أطلق عليها- أن المال لن يأتي ليقود دفة الحياة بالدرجة الأولى كما يعتقد الكثيرون، بل الخوف من المجهول إضافةً لضغط «الآلات الإنسانية» الأُخرى التي تقود لمثل هذا النمط من الحياة . والمشكلة الأكبر ترتكز على منع بعض الآلات أصدقاءها من البشر الطبيعيين أن يمارسوا حياة الفن ، كما يجب أن تكون عليه تلك الحياة .

أعدك هنا أننا كلما تعمقنا أكثر في الصفحات القادمة سنجد بعض الإثارة في موضوع ثورة الفن . عند اقتناع الأغلبية أن الحياة كونها حياة ، يجب أن تكون بهذه الطريقة كآلات إنسانية وأن الإنسان قد خُلق في كبد ولن ينعم بأقل الحظوظ في الحياة؛ لأنها مدخرة له في الآخرة . . . هنا فقط تكمن المشكلة ، وكثيرًا ما أسمع : لهم الدنيا ولنا الآخرة .

ننتظر الإجازات بفارغ الصبر؛ لنكبر قليلاً ، ثم ننتظر التقاعد بفارغ الصبر .

بعضنا يختلق لنفسه تلك المشاكل المزيفة؛ ليعيشها يوم أو يومين متهربًا من حياته المزيفة التي صنعها لنفسه؛ حتى يصبح أخيرًا ضحية ذلك البؤس ، وتلك الكذبة التي كونها لحياته مع الأيام .

إجازة مرضية (سيكليف!)، القليل من الزكام، صداع خفيف، مزاج تعكر بسبب خسارة فريق الكرة، كلها أصبحت كفيلة بأن نهرب من يوم عملي آلي/ إنساني (الدوام).

«أكتب كل يوم، وقد كذبت ذات مرة على أحد السائلين عندما أجبته بأني لا أكتب في عيد رأس السنة وعيد ميلادي؛ ففي الحقيقة حتى في تلك الأيام أكتب مثل الأيام العادية»

– ستيفن كينج

أن تكون آلة إنسانية هو أن تحكم على نفسك وأيامك بأن تكون ضحية الوقت، والوقت فقط عندما يمر ذلك العمر دون أن تكتشف ما كنت تريده بالفعل من هذه الحياة. ليس بالضرورة أن تعيش قمة النجاح؛ فالسنة الكونية وأمر الخالق هو الذي يتبنى توزيع النجاحات وغنائمها.

أن تكون آلة إنسانية . . . هو أن تتبع ما يُملى عليك، دون أي محاولة منك للتغيير، وذلك بالضبط عكس الحياة التي يعيشها الفنان.

أن تكون فنان لا أن تكون آلة إنسانية: أين الحب؟:

أجزم أن وجود الحب هو المعيار الأول والأهم قبل الوصول لأعلى سلالم النجاح، وفي اعتقادي أيضًا أنه السبيل الوحيد دون غيره في شتى المجالات للوصول إلى قمة العطاء الإنساني.

تظل حياتنا نحن البشر كما يتصورها البعض كما قلت، مرتبطة ارتباطًا وثيقًا بمتطلباتها المادية التي تعكس بدورها الوضع الحياتي المرسوم لكل شخص بشكلها اليومي، ولكن دعني أقول لك إن هذا الأمر ليس صحيحًا بالضرورة، بل نصبح جميعًا ضحية برمجة الأهل والمدرسة والمجتمع؛ لنعيش كما يُملي علينا مزاجهم ولم تمليه علينا ضمائرنا.

الأغلبية تعيش يوميًا حياة لا تُريدها إطلاقًا، كانت قد رُسمت لها من قبل أن تقرر إن كانت تريد الخوض فيها بالفعل أم لا؛ فالوظائف المملة، والأشخاص المزعجين وتلك الأوقات غير المناسبة للعمل بالنسبة لهم أصبحت من ضمن السنن الكونية التي يستوجب علينا جميعًا التعايش معها، وإلا أصبحنا خارج القطيع.

«اثنان من كل ثلاثة أمريكيين لايحبون وظائفهم» كما قال «سايمون سينك» في كتابه «القياديين يأكلون أخيراً»، ودون وجود إحصائية رسمية في عالمنا العربي أجزم أن هذا الوضع ينطبق بشكل دقيق على مجتمعاتنا.

لماذا كتبت هذا الكتاب؟:

جذبني جداً مفهوم «ثورة الفن» لأكثر من سبب، أولها عدم تطرق الكتب لمفهوم ثورة الفن أو العهد القادم بشكل موسع، إلا من أصحاب الاختصاص وبعض العلماء الذين يلقبون بالـ «المستقبليين»*، وحيث إنني إن كنت أحسب نفسي ضمن الأشخاص العاديين، أحببت تناول هذا الموضوع (العملي/ الفلسفي) لما يرتبط به ارتباطًا وثيقًا بحياتي المستقبلية وحياتك أنت عزيزي القارئ أيًا كان تخصصك أو مجالك.

أتحدث في هذا الكتاب عن الفن من زاوية أخرى أتمنى لك أن تكون قد عشتها أو ستعيشها.

أتحدث هنا عن حياة الفنانين الناجحين (رسامين، كُتّاب، ملحنين، مخترعين، مصورين، إلخ...)، وارتباط -سلوكهم في النجاح- بك وبي إن طُبق بالشكل الصحيح؛ فحياة الفنان تختلف كُليًا عن مؤدِ العمل.

لما علينا أن نعيش حياتنا كفنانين؟

لأن الفنانين هُم من يصنعون الفرق، ومؤدوا العمل بفن هم من يصنعون التغيير نحو مجتمعات أفضل.

---

* أمثال: «ري كورزويل» و«بكمونستر فولر».

30

وسأحاول من خلال هذا الكتاب جاهداً إيصال هذا المفهوم: (العمل كفنان). فقد اعتمدت في هذا الكتاب على عدة مواد؛ لأخرج بهذه الخلاصة التي بين يديك مؤكداً أنني راعيت كل الجوانب في السرد، محاولاً شرح التفاصيل قدر المستطاع لإيصال الفكرة الكاملة.

وفي هذه الأيام نعيش جزءاً من حياتنا بشكل اختياري، وإن كان نصيبها الأكبر مخصص لمتطلبات الحياة المعيشية الرئيسية، كالذهاب إلى المدرسة خلال مرحلة الطفولة إلى سن المراهقة، ثم الخوض في غمار الدراسة العليا؛ حتى تزداد تلك المسؤوليات شيئًا فشيئًا؛ لنصبح تحت ضغط البحث عن وظيفة ما أو تأمين مصدراً للدخل بأي شكل كان، ومن هنا تبدأ مسيرة الحياة العملية أو الاحترافية إن صح التعبير.

نضطر بعدها لتقديم عدة تنازلات، البعض منها يكون (فقط) لإرضاء من حولنا؛ فلن يكون من اللائق علينا مثلاً نحن الرجال أن نتزوج في حالات كثيرة دون أن نملك دخلاً ماديًا مستمر، وقد يؤثر كثيراً من الناحية الاجتماعية عدم وجود وظيفة أو عمل على حياتنا مع الأصدقاء والأفراد الآخرين من المجتمع؛ لنقبل في نهاية الأمر تأدية العمل كما هو مطلوب في مقابل التضحية برغباتنا الشخصية.

تستمر من هنا دورة الحياة الحقيقية، نستسلم مع الوقت أمام الكثير من الأشياء؛ لنتعايش مع الروتين التقليدي لكل يوم يمضي؛ فنستيقظ صباحًا نذهب إلى العمل ونعمل حتى وقت متأخر، ثم نعود لبيوتنا لقضاء حياة أخرى ليست لها أي علاقة بساعات العمل.

ننتظر الإجازات بفارغ الصبر، وفي حالات كثيرة نتمارض؛ لنحصل على بعض أيام الإجازة خلال السنة، بل ويرى آخرون أن الحياة قد خُلقت في كبد وليس هناك شيئًا غريب في عدم حب العمل، بل أن عدم الارتياح في العمل أو من تسلط المدير المباشر يُعد أحد السنن الكونية التي يجب علينا التعايش معها في سبيل الحصول على لقمة العيش التي ستصنع منا شيئًا في هذا المجتمع وأمام من حولنا.

مرة أخرى . . . نعود بعد العمل؛ لنمارس حياتنا التي نريدها (تقريبًا) لأنفسنا، نشاهد التلفاز، نلعب مع أطفالنا، نذهب لرؤية الأصدقاء؛ حتى وإن كان ينكر بعضنا هروبه من واقع حياته التي يعيش نصفها، كما لم يرد في صغره.

نستسلم شيئًا فشيئًا لهذه السنة الكونية التي افترضناها على أنفسنا، تتثاقل أرجلنا عن التحرك لصنع شيء ما يميزنا عن غيرنا من البشر، نسمع بالإنجازات الكبيرة وعن أشخاصٍ مثلنا غيروا العالم، وصنعوا التاريخ، لنستمتع بقصصهم لا لأن نقتديَ بهم، نرمي بكل ثقل أفكارنا ومنغصاتنا على الدولة والمجتمع والاقتصاد، وعلى عدم وجود رأس المال الكافي.

ولن نتجاوز ذلك المفهوم كون كل تلك الأوضاع التي نعيشها تحت مسببات القدر؛ لنصل لتلك المرحلة التي نعيب فيها زماننا . . . «وما لزماننا عيبٌ سوانا.» ونستمر في سباق الفئران داخل العجلة، نحلم

بالثراء السريع، والانتقال لوظيفة أفضل ونتمسك بأقل الأمور حظاً، لعلها تُغير فينا نحو حياة أفضل، ويستمر الانتظار طويلاً.

نكرر بخفة قصص إنجازات ستيف جوبز وبيتهوفن ويحفظ معظمنا قصة توماس أديسون عند فشله باختراع المصباح أكثر من ٩٠٠ مرة، ونردد كلمته الشهيرة «تعلمت بأن المصباح لا يعمل بـ٩٠٠ طريقة!».

ماذا يملك الفنان؟

لم أتفاجئ عند معرفتي بأن معظم الفنانين –حتى أعلاهم تأثيراً في حياتنا وفي تاريخ البشرية–، لم يملكوا في الحقيقة مقدرات عقلية أو جسمانية غير التي يملكها غيرهم من البشر، ولم يملكوا ساعة إضافية في يومهم على الأربعة والعشرين ساعة التي نملكها . . . كل ما كان يملكوه هو المثابرة وعزيمة حديدية، وكمية كبيرة من العاطفة اتجاه أعمالهم حتى قادتهم إلى ما وصلوا إليه.

اطلعت على حياة الكثير منهم عن كثب، ووجدت أن هناك مجموعة عناصر مشتركة عند الكل تقريباً، كانوا يستعينون بها للوصول لأقصى ما يمكن الوصول إليه من مراحل المجد؛ لتخليد أسمائهم في صفحات التاريخ.

وسأتناول تلك العناصر خلال الصفحات القادمة بالتفصيل لأبين أن الفنان أو أي شخص مهما كان مجاله أو عمله سيصل بإذن الله لتلك المرحلة الكبيرة التي يريد (ويمكن) أن يصل إليها ببساطة.

وقبل ذلك سأوضح مفهوم العمل بفن أو كفنان، وارتباطه بالمرحلة القادمة من الزمن وفي حياتنا، مواكبًا بها التطور غير المحدود في التكنولوجيا، وقنوات التواصل الاجتماعي التي نعيشها هذه الأيام.

أود التنويه هنا . . . ليس الهدف من محتوى هذا الكتاب أن يكون أحد الكتب الأخرى لتطوير الذات، ولم أنو حقيقةً أن أجعله يتناول سيرة الفنانين الذاتية لأُمجد أحدهم أو أستثني آخرين، والأهم من ذلك لم أحرص على أن يكون معارضًا أو موافقًا لأي توجه ديني أو مذهب ديني أو اجتماعي؛ فباختلاف الآراء حول أي من الفنون الموجودة في هذا العالم ومدى تقبلها اجتماعيًا ودينيًا، حاوَلت ألا أتطرق إلى أي جوانب قد تكون حساسة لدى البعض، وإنما كل ما حرِصتُ عليه في هذا الكتاب أن أشرح مفهوم الفن والفنانين من وجهة نظري الشخصية.

حتى وإن كانت بعض أعمالهم لا تتفق مع قناعات مجتمعاتنا المحافظة؛ فكل التركيز هنا سيدور حول السلوك والعناصر الفعالة التي ارتأيت حصرها وتلخيصها للقارئ الكريم؛ ليتسنى له تطبيقها في حياته أيًا كانت ظروفه وأحواله، ولرُبما تساعدني أنا وأنت في تحقيق تلك الأحلام والطموحات لتنقلنا سويًا نحو أمجاد مشابهة للفنانين العظماء.

في رأيي الشخصي . . . لا يعني مفهوم الفن ارتباطه بالضرورة مع الفنون المعروفة كالكتابة، والتلحين، والرسم، إلخ.

كما هو معروف عن الفن؛ فلقب «الفنان» أصبح يُطلق حتى في لهجتنا العامة على بعض الأشخاص الذين يُجيدون مهارةً أو أداءً

استثنائيًا معينًا في أي شيء؛ فلاعب الكُرة الماهر فنان، والمسوّق الشاطر فنان، الطباخ المبدع فنان، البائع الموهوب، المدير الفذ، القائد صاحب الرؤية، النادل البشوش . . . كلها صفات أصبحت تمُثل الفن إن طُبقت عليها مجموعة العناصر التي يُطبقها الفنانون في حياتهم وستصنع من مؤديها ذلك المؤدي الاستثنائي مقارنة مع من حوله من المؤدين العاديين للعمل .

فلسفة الفن في رأيي يجب أن تُرى وتطلق فقط على الاستثناءات في العمل؛ فالمهندس الاستثنائي فنان، والمهندس الجيد «موظف» بتسمية أخرى، ومهما ازداد الأداء جمالاً واتقانًا يزداد تأكيد لقب الفنان على صاحبه، ولن يصل للقب الفنان إلا من أراد أن يكون كذلك والعكس صحيح . كل ما أتمناه أن يلفت هذا الكتاب نظرك نحو سلوك عملي حقيقي . قد وُجد وطُبق من قبل، والأهم أنه يمكنك أن تعيشه من خلال حياتك العملية أيًا كان تخصصك . وقبل كل شيء . . . . أود أن أقول لك إنني أسعى بكل شكل لإنجاح تطبيق ما سيتم ذكره على حياتي، والمقربين لي في مجتمعي ... ففاقد الشيء لا يعطيه .

قراءة ممتعة، مع خالص الوُد والتقدير لهذه الفرصة الكريمة منك بتخصيص هذا الوقت لهذا الكتاب .

عام ٢٠٠٦م

أستيقظ كل يوم الساعة الثامنة صباحًا أستحم وألبس الثوب لأخرج وفي يدي الشماغ والعقال، وفي اليد الأخرى بطاقة تعريف الموظف التي تكرر نسياني لها في البيت دون أن أذكر نفسي بضرورة تركها في السيارة، أذهب من بيتي متوجهًا إلى عملي في أحد البنوك، وفي الطريق عادة ما تكون أحد محلات الدونات أو الكوروسان نقطة التوقف لآخذ قهوتي الصباحية مع أول قطعة أراها في المحل.

يبدأ الاجتماع الصباحي في تمام الساعة التاسعة قبل دخول عملاء البنك في التاسعة والنصف، وغالبًا ما كُنت أصل إلى الفرع في تمام التاسعة وخمس دقائق. أكثر ما كُنت أخشاه زيارة أحد مدراء المناطق للفروع في هذا الوقت؛ فإن كُنت متأخرًا في الخمس دقائق سأكون عرضة للتوبيخ أمام زملائي، وإن وصلت في وقتي المحدد سيبدأ مُدير الفرع بفتح نقاش الأهداف البيعية ومشاكل العملاء خلال الأسابيع الماضية، وهنا ستكون بداية يومي (ويوم زُملائي) محفوفة بالطاقة السلبية جراء عدم تحقيق الأهداف البيعية الموضوعة من قبل.

كُنت أعمل في خدمة العملاء مع زملاء آخرين تجاوز عددهم
٣٠٠٠ شخص منتشرين في أنحاء المملكة . مهمتي الأولى هي البيع . . .
والثانية هي البيع . . . والثالثة هي بيع المنتجات البنكية المقترحة بشكل
خاص لهذا الأسبوع ، والرابعة هي خدمة العميل مع الحرص على أن
ينال أفضل ما يمكن الحصول عليه من خدمات ، وإلا سأتلقى تقريراً نهاية
الشهر قد يُذهِب بجهودي خلال شهر كامل إلى مهب الريح .

لا يوجد أي عيب في هذه الوظيفة ، بل على العكس ؛ فقد كانت
تُمثل واجهة اجتماعية لا بأس بها كما كان يرى أهلي ، خصوصاً بعمري
الصغير نسبياً آن ذاك ، وعدم انتهائي من دراسة البكالوريوس بعد .

عام ٢٠٠٧م

استقلت من البنك لأبدأ مشوار حياة مختلف . اخترت أن أتوجه إلى العمل الحر، ليس إنقاصًا من دور الوظيفة أو وجود عيب حقيقي في وظيفة البنك، بل لرغبتي ببساطة في الابتعاد عن البرمجة التي شعرت بوجودها؛ في حياتي دون وجود أي إمكانية لتطوير أو تغيير أي من القواعد الوظيفية الموضوعة، ولمعرفتي وقناعتي الشخصية أن الأعمال الحرة هي الأنسب لشخصيتي وطموحي وحياتي .

لا أود أن أشغلك بقصتي هنا عزيزي القارئ؛ فهي ليست موضوع الكتاب في الحقيقة، بل أود لفت نظرك إن كُنت أحد الموظفين في أي جهة أخرى بأن هذا النمط من الحياة هو الذي نتشارك فيه معظمنا بحثًا عن مستقبل أفضل باختلاف التخصصات والوظائف وحتى المرحلة العمرية .

أستوقفك عند كلمة «نمط الحياة» المعروف : الاستيقاظ، الإفطار، الذهاب إلى العمل لساعات محددة . . . إتمام المهام التي تُطلب منّا أثناء يوم العمل . . الرد على الإيميلات والتليفونات . . . خدمة العملاء . . .

متابعة المشاريع المعلقة وغيرها .

نقضي أكثر من ثلث أعمارنا في العمل ، وإن لم نكن مُتواجدين جسديًا ؛ فغالبًا ما تكون عقولنا منشغلة بشيء ما يخص العمل أو مشكلة معينة لم تحُل بعد في الثلثين الآخرين .

وعندما نعمل لمجرد العمل في وظيفة ما . . . نبحث بعدها عن وظيفة أخرى ، وفي بعض الحالات مجال أو عمل جديد كليًا .

ودعني أكون هنا قاسيًا بعض الشيء إن قُلت لك إننا في الحقيقة نبحث عن برمجة جديدة لحياتنا ، لا يرتاح بعض الأشخاص إن لم يتلقَ الأوامر ، ولن يشعر بالأمان إن لم يتواجد ضمن بيئة عمل تضمن له توفير مهمة إضافية لإتمامها دون إضافة فنه الخاص الذي يُفترض به أن يضيفه .

ماذا يحصل عندما نجُيب على كل الإيميلات؟ ولا يظهر عميلنا أو مديرنا؟

مبروك . . . انتهى العمل ، حان وقت الذهاب إلى البيت !

هنا كنت أتحدث عن العمل ، لكن أين نحن من ذلك؟

عندما أتحدث عن البرمجة أو عن «أداء العمل» أقصد بكل وضوح أداء ١٠٠٪ من العمل المطلوب ، وليس من العمل المُفترض لنا القيام به .

لم يقم عباقرة العالم بأداء العمل المطلوب منهم فقط ، ولم يُكرس ستيف جوبز حياته بإدارة (عمليات) شركة آبل دون الخروج بإبداعات

جديدة تُمثُل طموحاته الفلكية . وصدقني ربما كُنا سنكون تحت رحمة فصول السنة لو استمر كارير في أداء وظيفة مطلوبة منه دون محاولة اختراع التكييف . ومثل هذه النقلات في حياتنا لم تكن ستوُجد إن لم يخرج مخترعيها عن خط أداء العمل المطلوب إلى فنونهم التي اختاروها لأنفسهم .

لن أسعى هنا لدعوة الجميع إلى الاستقالة من أعمالهم أو التمرد على رؤسائهم وعملائهم ليعمل كل واحد ما يريد أن يعمله فقط ! ... بل سأتحدث عن نقاط جوهرية في حياة كل منّا ... سأتحدث عن أداء العمل بفن ومقارنته بالوظيفة «أداء العمل» لمجرد تأديته (أو) محاولة إيجاد الطريق البديل لتأدية العمل .

فعندما نُسلِّم طاقاتنا وعقولنا لتأدية العمل المطلوب فقط ؛ فإننا بذلك ننكر حجم الثورة المعلوماتية التي نعيشها ، بل نُعيد أنفسنا إلى عصر الثورة الصناعية التي يرتكز اقتصادها على تأدية العمل والإنتاج كما يريده أصحاب المصانع ولا يريده الأفراد ، وبالتأكيد بأقل تكلفة ممكنة بالنسبة لهم . يُقال إن النجاح يرتبط بتخصيص ٦٠٪ من الجهد والوقت في تأدية الأعمال والواجبات غير المطلوبة منّا (Proactive Work) و٤٠٪ من باقي الجهد والوقت في الاستجابة لمتطلبات العمل الموجودة (Reactive Work).

يعمل الفنان معظم وقته على رفع قيمة وجهد الـ٦٠٪ لمستويات أعلى ، ومنها للارتقاء بعمله .

العصور السابقة

عند مراجعة تاريخ الإنسانية، نجد أن الإنسان قد تعايش مع الحياة باختلاف متطلباتها في كل مرحلة بشرية بحثًا عن الرزق، ولعل إحدى الفلسفات التي تشهد على ذلك تقول:

«إن الإنسان قد وصل إلى الاكتفاء الذاتي من ماديات الحياة؛ حتى أصبح يبحث فيها عن إشباع رغباته الحسية».

لا يهمني مدى دقة هذه الفلسفة، أو الحقبة الزمنية التي تتحدث عنها بالتحديد، لكن ما أنا متيقن منه أن الإنسان ارتبط بالفن لكونه إنسانًا سخره الله؛ ليتعايش مع مختلف إمكانيات هذا الكون وإمكانياته، وإن كان ذلك بهدف البحث عن الرزق أو الوصول للاكتفاء العاطفي الذاتي كمرحلة متقدمة.

بطبيعة الحال مر الإنسان منذ القدم بعدة عصور، وحقبات زمنية أدت لتطوره تدريجيًا؛ حتى أصبح ما هو عليه اليوم، ولا يمكننا تخيل الظروف التي صاحبت كل حقبة وكل يوم كان يعيش فيه الإنسان خلال تلك الفترة، وحتى مع أقصى درجات التخيل للأجيال القريبة السابقة.

نكتفي في أحيان كثيرة بالاستماع لقصص آبائنا وأجدادنا ومن قبلهم حول ظروف أيامهم، وكيف كان التعايش يختلف كليًا عن حياتنا الحالية . لنجد من زوايا أخرى أن العصور السابقة وإن كان هناك عدم توفر لنصف الإمكانات التي تتوفر في عهدنا الحالي، ولكنها كانت مثمرة بشكل مخيف .

تستوقفني كثيراً مقدرة الأفراد الناجحين في حجم العمل الذي تم إنتاجه، كإنتاج شكسبير مثلاً من أشعار ومسرحيات والتي أصبح حجمها يُقارع أكبر ما وصل إليه تطورنا الجديد من حجم استيعاب الذاكرة الإلكترونية !

وعندما نطلع بشكل سريع على حياة ليوناردو دافنشي سنجد كل الغرائب التي اجتمعت في شخصية واحدة ذلك الوقت ؛ فقد كان رسامًا ومخترعًا وفيلسوفًا وعالمًا للفلك، مع بعض الفنون الأخرى التي لايمكن لي شخصيًا تخيل وجودها بأقصى نجاحاتها تجتمع في شخص واحد .

بينجامين فرانكلين . . . الذي اشتهر بعدم إكماله لدراسته وطرده من المدرسة في سن مبكرة، كان هو الشخص الذي أطلق على الكهرباء هذه التسمية، وقد اخترع «موقد فرانكلين» الذي استُعمل لفترة طويلة في البيوت بعد دخوله إلى ساحة المخترعين، إضافةً لكونه أحد رجل الأعمال ... وهو أيضاً كاتب وقارئ نهم وسفير ودبلوماسي من الطراز الأول . كل ذلك مع مصارعته ومعاناته الطويلة مع أحد أمراض الإعاقة التي صاحبته منذ فترة مبكرة في حياته حتى وفاته عام ١٧٩٠م .

أيًّا كان التصور عن الأزمنة السابقة ، تظل لدي تلك القناعة أن في كل زمن ومع كل شخص ، تحديات قاسية قد واجهها بظروف مختلفة .

ولعل الرفاهية المطلقة التي نعيشها اليوم عبر توفر التكنولوجيا أصبحت دون شك هي العائق الأكبر الذي يجعلنا لا نعيش الفنون التي نريدها لأنفسنا أو رسم ذلك الشغف الذي سيقود أحلامنا .

الفن والعصور السابقة:

لستُ مؤرخًا ، وإن كانت الأحداث والكتب التاريخية بعمومها تستهويني لمجرد الاطلاع على حال البشرية آن ذاك لا يعني تمكني وتأكدي التام من تلك الظروف ، وهنا أجدني ألخص باختصار ما توصلت إليه من خلال الأسطر القليلة القادمة حول التصور لتلك الفترة .

العصر الحجري الحديث (٩٥٠٠ ق.م – ٣٣٠٠ ق.م):

كان الإنسان خلال تلك الحقبة الزمنية ، لا يملك إلا مقومات الحياة الأساسية التي تجعله يعيش فقط رغبة منه للبقاء دون أي محفزات أخرى كالصيد والأكل والشرب ، إلخ ... هذا هو نمط الحياة الوحيد ، وربما كان أقصى ما يمكن أن يصل إليه الإنسان خلال يومه .

عصر القرون الوسطى - الحروب والغزوات (٤٧٦م - ١٤٩٢م):

انتشرت بشكل عام خلال تلك الفترة الحروب والغزوات؛ ليقتنع الإنسان خلالها أن هذا النمط من الحياة هو الذي سيصنع الحضارة والحياة الكريمة لشعوبها، ومن هنا بمجرد التوقف والتخيل كيف كان حال تلك الفترة دون وجود ذلك الإبداع الحقيقي إلا فيما سُخر لخدمة بعض النوايا الطائشة لقيادات الشعوب قد حكم على الفن تقريبًا بالابتعاد عن ساحة الحياة؛ ليكون الإنسان تحت رحمة رغبته «المادية» فقط دون وجود أي طموحات شخصية عاطفية نحو النجاح، ولعل مفهوم الفن لم ينضج بشكله الكامل خلال هذه الفترة.

عصر النهضة «الولادة الجديدة» (١٤٩٢م - ١٨٨٠م تقريباً):

اشتهرت هذه الحقبة الزمنية بتسميتها بالولادة الجديدة أو عصر النهضة لعدة أسباب منها:

- اكتشاف عدة مناطق جديدة في العالم (أهمها أمريكا الشمالية).

- كثرة الاختراعات وتأثيرها على حياة الإنسان.

- ولادة المسارح والروايات والقصص مع تطور الفنون الكتابية بشكل جذري.

- تطور الذوق العام لدى الإنسان . ظهور عدة اكتشافات تخص الكون والحياة، وكسر عدد كبير من الُمسلّمات والمعتقدات الموجودة منذ أزمنة قديمة (عدم كروية الأرض أحد أهم مسلمات تلك الفترة) .

- تغير الحياة العملية مع ظهور مفهوم «رجال الأعمال» .

- وضوح التفاوت الاجتماعي بين طبقات المجتمع لدى بعض الشعوب .

- السهولة النسبية للتنقل (اختراع القطارات كان أحد أهم التغييرات) .

- ظهور مفهوم التعليم بشكل مختلف (بدء انتشار الجامعات والمدارس) .

شكسبير، ليوناردو دافنشي، بينجامين فرانكلين، نيكولاس تيسلا، إسحاق نيوتن، فيكتور هوجو، موزارت وبيتهوفن وغيرهم الكثير قد تعايشوا مع تغييرات هذه الحقبة وأنتجوا خلالها ما صنع مجدهم ؛ لنعيشه حتى تاريخنا المعاصر .

ولعلي أجزم أن ولادة الفنان كانت خلال هذه الفترة تحديداً، على الرغم من وجود بعض الفروقات الكبيرة في عدد السنوات بين

الشخصيات الناجحة، لكن مع ازدياد حجم الرفاهية الإنساني (لا أقصد رفاهية الظروف المادية لكل فرد بالضرورة) كان لابد من الاقتناع هنا أنها قد أخرجت بعض الإنجازات والتغييرات إلينا الآن؛ لنعيش بعضها ونقتدي بها في المستقبل .

عمومًا كان بعض أهم من تعايش فنه خلال تلك الفترة لا يمكن له أن يأكل ويشرب، دون إتقان فنه، ولم يكن بالضرورة أن يستمر جميعهم في «وظائف» أو توجهات لا يحبونها طيلة حياتهم؛ ليهربوا من الواقع كما يفعل أغلبيتنا اليوم .

عصر الثورة الصناعية (١٨٨٠م - ١٩٦٠م):

شخصيًا . . . وبالرغم من حجم امتناني وامتنان الإنسان الحالي لهذه الفترة؛ فإنني أعتب بعض الشيء لما تركتنا عليه من اختلاف كلي في مفهوم أداء العمل في وقتنا الحالي؛ فقد ثبتت مفهوم التوظيف والتدريس بشكله الحالي؛ لِيُمنح الامتياز بشكل كبير للشركات الكبرى (بوجود الاستقرار الوظيفي) والجامعات العريقة (بالتعليم الأكاديمي الذي سيعطي رخصة العمل في الشركات الكبيرة) .

وقد صاحبت هذه الفترة إلى جانب وجود الاختراعات الجذرية التي انتقلت بالإنسان لكثير مما يعيشه اليوم من التطور التقني والنوعي أثر على جميع مستويات المعيشة إلى الوصول لقناعات ومسلمات جديدة أصبحت تلزم الحكومات والمجتمعات المدنية بما كانت عليه؛ فقد ظهرت

المصانع وثقافة التوظيف لتقسم العالم لطبقتين (الكادحة والمخملية) ليزداد الثري ثراءً بامتلاكه أحد المصانع، ويزداد الفقير فقرًا بعمله وحاجته لوظيفته في المصنع.

ففي نفس هذه الفترة تم اختراع الفصول الدراسية الحديثة التي نعرفها اليوم لاستخراج طلاب يحملون نفس التوجه ونوعية التفكير؛ ليكونوا تحت ضغط اجتماعي واحد بمعرفة معلومات محددة، حول صناعة أو عمل محدد. أصبح الفرد بعدها يميل أكثر للالتزام بما يُطلب منه عوضًا عن البحث عن طموحاته الخاصة، وإن كان الالتزام بما يؤمر به الفرد هو المحرك الأعظم لحياته.

أصبحت بعض الفنون والرغبات الإنسانية تستسلم وتندثر مقابل هذه الحاجات المادية، متبعة سلوك الإنسان البدائي –مع اختلاف الظروف– حول البحث عن الماديات أولاً، وأي شيء آخر يأتي بعده.

تم اختلاق ثقافة الطالب الجامعي أفضل من غير الجامعي، وقد تم القضاء على مفهوم الإجارة أو العامل باليوم، ليستسلم كل فرد ليكون ضحية راتب آخر الشهر.

في أحد المقالات التي كنت قد كتبتها تناولت نقطة استوقفتني، والتي تتحدث عن ثقافة التوظيف واختفائها عبر الزمن تدريجيًا لتكون الأعمال الحرة (Freelancing) هي البديل خلال الحقبة القادمة كما يُقال.

اختفاء الموظفين:

هناك نظرية تقول: «إن الموظف سيختفي أو سيختفي دوره تدريجيًا مع الوقت خلال السنوات القادمة» ليحل محله أحد الاثنين:

١. آلة تؤدي نفس العمل المطلوب من الموظف.

٢. عامل حر/ أجير – (*Freelancer*) يؤدي المهمة المطلوبة من قبل الشركة.

وهنا سنعيش عبر الخيار الثاني ما كان عليه أجدادنا وأسلافنا من قبل؛ ففي الماضي لم نسمع بمصطلح الموظف حتى لدى المجتمع الغربي في شتى المجالات، فقد كانت معظم المنتجات والخدمات تندرج تحت مسميين إما «دكان فلان» أو فلان «الأجير»، ويختلف الأجير حسب اختلاف مهنته (نجار، حداد، لحام، إلخ ...) ولا تزال اليوم موجودة رغم اختلاف مسميات المهن وزيادتها في مجتمع الأعمال (مصور، مصمم، مبرمج، إلخ ...).

مقاييس العمل اختلفت الآن تمامًا؛ فأصبح المدير المباشر أحيانًا يُمثل دور الوصي أو الوالد الذي لم تلده جدتي، وفي الأحوال الجيدة لبعض المنشآت يكون الموظف عُرضة لعدة تقييمات، البعض منها ليس له علاقة مباشرة بالمهام المطلوبة وقد تحكم بسهولة على مصير مستقبله «الوظيفي» دون النظر لأي اعتبارات حقيقية بشكل رئيسي.

حكى لي أحد الأصدقاء ذات يوم:

«بعد انتهاء حقبة العبودية في أمريكا، اجتمعت رؤوس القيادة والحكومة الأمريكية مضطربين حول ذلك التحدي الذي سيواجهونه .

دون وجود عبيد يؤدون الأعمال الدونية في مجتمعهم؛ فقرروا إعادة صياغة العبودية لينتهوا أخيراً بإعادة صياغتها عبر الكلمة السحرية (التوظيف)» .

أصبح الأجير – تحت اسم الموظف – يستلم مستحقاته لقاء مجموعة أيام عمله طوال الأسبوع/ الشهر عوضًا عن الأجر اليومي ، ويرتبط عمله وأداؤه مع رضا رب العمل أو عدمه لنفس الفترة ، وليصبح مع الوقت ضحية المعاش الشهري الذي يتقاضاه عوضًا عن هم العمل كعمل ، وهنا يصبح الراتب هو المسكّن الوحيد على المنغصات التي يواجهها أثناء عمله إضافة لكونه مصدر الرزق الوحيد له .

يزداد التضخم المالي شيئًا فشيئًا ، وتزداد طلبات الحياة ، ويزداد أصحاب الأموال ثراءً؛ ليزداد الموظف حاجةً لوظيفته ، ومنها يزداد الفقراء فقرًا .

يتناسب هذا الوضع مع رغبة أصحاب الأموال؛ ليتمكنوا عبر هذه الطريقة من توفير الموظفين الأقل تكلفة مستسلمين طوال الشهر ، ثم السنة ، ثم العمر كله لرب العمل ، والفرق هنا يكون فقط حول وجود دخل نهاية الشهر لكل مؤدٍ للعمل ، وبازدياد التوظيف تزداد الإنتاجية ، وتنقص التكلفة ، ويزيد البيْع ، وتستمر العجلة .

أيًّا كانت دقة القصة التي حكاها لي صديقي العزيز أو واقعيتها، لكن أجزم أن تبعات الثورة الصناعية (المليئة بتطبيق مفهوم العبودية الجديد) كانت قد شُكِّلت جراء استسلام المجتمعات الغربية لهذا الوضع مع حرصنا نحن المجتمعات الشرقية للخوض في نفس الغمار.

والآن ... تُمثل نوايا الأفراد – خصوصًا الشباب – بتأسيس أعمالهم الخاصة بداية الطريق نحو تطبيق ذلك المستقبل الذي سيكون فيه الفرد رب عمل نفسه، ولِيُطبق فيها أيضًا مفهوم العمل «كفنان» ليعيش كما يريد وبما يريد دون أي منغصات خارجية، ولعل الأيام ستثبت أن سلوك الفنان الحر هو الأفضل للتعايش، لا مفهوم الوظيفة أو تأدية العمل لمجرد العمل، بل وستختلف الأمور كليًا عند مؤد العمل بعد أن يُتقن عمله بفن؛ ليصبح في نهاية الأمر فنان لا يمكن الاستغناء عنه.

الفصول الدراسية:

استمرت بقايا هذه الثورة مؤثرةً على وضعنا الحالي في أعمالنا وأحلامنا؛ لتكون خليطًا من تضارب الطموحات بين مخرجاتها وعالمنا الواقعي خصوصًا في عالم العلم والتعليم، وهنا تم إقناع الفرد بضرورة تمسكه «بوظيفته» عوضًا عن استثمار جميع الإمكانات التي قد تصنع له الفارق في حياته.

تناول رجل التسويق المعروف سيث جودين هذا الملف عندما تحدث بإسهاب عن مخرجات الثورة الصناعية في عالمنا الحديث بعد أن حكى

قصة «فيردريك جي كيلي» الذي اشتُهر باستخدام قلم الرصاص لأقصى إمكانياته!

كان كيلي يشغل منصب رئيس «كينساس سكول» (الآن جامعة ولاية إمبوريا) عندما اخترع «الاختبارات الموحدة» أو ما تُسمى: (Standardized Tests) التي اشتهرت الآن باسم اختبار الاختيارات المتعددة: (Multiple Choices).

عام ١٩١٥م، واجه كيلي مشكلة كبيرة بتدفق الأعداد الكبيرة من الطلاب الذي استوجب تخريجهم خلال تلك الفترة بسبب تعطل الدراسة خلال فترة الحرب العالمية الأولى، مما قاده لاختراع هذا النوع من الاختبارات**؛ ليسهل تقييم نتائج الطلاب والعمل عليها بشكل موحد من قبل المُصححين. استمرت فترة تطبيق هذه الاختبارات مؤقتاً، ليُطرَد بعدَها كيلي ظُلماً من منصبه بحجة مخالفته لقانون الدراسة والامتحانات آن ذاك (في الحقيقة لأنه رفض استمرار هذه النوعية من الامتحانات بحجة إنتهاء أزمة تخريج الطلاب!).

والآن عادت الكرة الأرضية كلها إلى تطبيق هذا النوع من الامتحانات؛ حتى هذه اللحظة التي أكتب فيها هذه السطور. ويرى سيث جودين أن توحيد الاختبارات والدراسة داخل الفصول، ماهو إلا برمجة واقعية لإخراج أفراد يعملون لمصلحة الوضع العام المفروض من قبل الطبقة الغنية -أو الحكومة إن صح التعبير- ليكونوا تحت نفس

البرمجة النفسية الاجتماعية ؛ لتقبل العمل فيما بعد في خطوط الإنتاج الخاصة بالمصانع (تمامًا كالإنصات سويًا لما تُمليه علينا مدارسنا)، وإن كان البعض يختلف الآن حول ظروف ودقة هذا التصور إلا أنني أجزم أن تأثيرها أصبح كبيرًا لتلك الدرجة التي تجعل بعض أفراد المجتمع السابق لا يتقبلون الأشخاص الذين لم يكونوا على شاكلتهم بشكل أو بآخر (موظفين/ تابعين) ؛ فنظام الامتحانات المبرمجة، تعكس حالة الدراسة المبرمجة، لتخرج طلاب متساوين في المعرفة متفاوتين في الأداء، تحت نفس النتيجة تقريبًا .

ما علاقة الفن بذلك؟:

الثورة المعلوماتية (١٩٦٠م - حتى الآن):

أود التأكيد أن سلوك الفنان - الذي أخشى أن أكون قد بدأت أُشعرك بالملل اتجاهه - يتطلب الخروج عن النصوص المكتوبة (البرمجة) من قبل الآخرين لحياتنا ؛ فإن كان الفنان يعمل ما يحب وأينما يشاء وكيفما يريد، نجد أن الثورة الصناعية أتقنت خلق ذلك الوهم وتصديقه ؛ حتى في عصرنا الأكثر انفتاحًا بين أفراده ودوله، فليس كل ما يُدَّرس ويُعلَّم ويتم برمجته لنا مهم بالضرورة .

فقد أصبحنا الآن نصل لأهم المعلومات بالنسبة لنا عبر كبسة زر على الإنترنت، وأصبحت إمكانية تعلم مهارة ما أو الخوض في علم

جديد غاية في السهولة عبر تخصيص بعض الدقائق للبحث عن مقدميها على الإنترنت. وإن كنت أؤمن بشدة بتلك المقولة: «ما يستحق البحث عنه فقط هو ما يستحق أن يُحفظ» لا ما تُمليه علينا كُتب بعض المواد؛ فلن نستطيع خلق شغف جديد وحب حقيقي عبر تحفيظ الطلاب والأفراد ما ليس لهم رغبة بحفظه أو تعلمه، وفي المقابل نجد أن الأغلبية الساحقة تتواكب وتتكيف مع كل ما يتعلق بمخرجات الثورة المعلوماتية أكثر من تكيّفها مع التزامات الدراسة، وطلبات المرؤوسين ومخرجات الثورة الصناعية، ومنها على سبيل المثال:

－ الاستقرار والأمان الوظيفي.

－ الذهاب إلى الجامعة.

－ الإنصات للمدير.

－ الاقتناع بما تملك من مقدرة فردية.

－ وظيفة راقية!

－ الادخار أو العمل بوظيفة إضافية.

معظم من نجح خلال فترة الثورة المعلوماتية، والكثير ممن عاشوا فترة الثورة الصناعية، قد خرجوا عن نص الطاعة الاجتماعي. بيل

جيتس وستيف جوبز وغيرهم تمكنوا من خلق ثورة العلم الحقيقية التي نعيشها الآن عبر الخروج عن النص المرسوم لغيرهم .

بل وعبر ممارسة فنهم الذين يجيدونه ، لا بأدائهم وظيفة معينة استمروا عليها تحت تأثير المسكنات الاجتماعية التي ترسم لهم نجاحًا مزيفًا ؛ فلست أعرف حقيقيةً رواد أعمال أو فنانين حقيقين قد اتبعوا مفهوم عمل الثورة الصناعية ؛ لينجحوا في حياتهم ، وهنا أؤكد أن ممارسة الفن وإن كانت معالمها غير واضحة ستقود لتلك الحياة التي قادتهم لما يريدون .

لستُ هنا لأقنعك بترك كراسي الدراسة لتتفرغ لمشاهدة برامج اليوتيوب ، وتضييع الوقت طيلة اليوم على صفحات التواصل الاجتماعي ، لكنني كنت أود توضيح أهمية معرفة الفرق بين البرمجة الاجتماعية ، والأسلحة المتوفرة لمحاربة الفشل في هذه الحياة عبر استغلال الإنترنت ، وغيرها من آليات نشر الفنون .

عندما أتحدث عن الفرق والانسجام بين متطلبات النجاح «الاجتماعي» والحياة الواقعية ، أجد سهولة ملاحظة تكيُف الأطفال دون سن الرابعة في حياتنا مع الإنترنت ، عن سرعة تقبلهم لما يُطلب منهم ، ويدرسونه كل يوم داخل الفصول الدراسية . وعندما سمعت ابن أحد أصدقائي يقول ذات يوم : «أتعلم من اليوتيوب ، أكثر مما أتعلم من معلمي في الفصل ، وأخجل أحيانًا أن أقول إنني أعرف كيفية استخدام

الكمبيوتر أكثر منه»، أجد أهمية تقدير هذا الوضع بشكل أكبر من أي وقت مضى .

- جيم رون

الفنان!

الفنان . . . هو من يؤدي عمله الذي يحب -وغالبًا ما يحب فقط-

الفنان . . . هو من يستمتع بكل لحظات عمله .

الفنان . . . هو من يرى نفسه يعيش حياته كإنسان أثناء عمله ، لا أن يؤدي عمله لمجرد العمل .

الفنان . . . لن يستغني عن حياته وعمله مهما كلف الأمر .

الفنان . . . هو من يبرمج من حوله على ظروفه ، وليس العكس .

الفنان . . . هو من يجعل الآخرين يتقبلونه كما هو ، دون أي محاولة منه للتضحية من أجل آراء ينتهي مفعولها بعد اختفاء بعض الأشخاص من حياته .

الفنان . . . هو من يمتلك زمام الأمور في حياته ، وهو من يتحكم بها ، ويعرف أنه المسؤول الأول والأخير عن كل ظرف وكل دقيقة تمر عليه .

الفنان . . . لا يتخيل أن يعيش حياته بشكل مختلف عما هو عليه !

ويعرف أن إرضاء الناس غاية لا تدرك، وربما يعيش طيلة حياته بحثًا عن أدق التفاصيل التي تتعلق بفنه؛ حتى يموت.

«يسألني البعض عن سبب كتابتي لقصص وروايات الرعب؛ فأجيب: لمَ تفترض أن لدي خيارًا آخر في الأساس؟»

– ستيفن كينج

الإذن بالعمل:

لا ينتظر الفنان إذنًا بالعمل من أي أحد.

بينما نعيش معظمنا، تحت رأي وإذن كل من حولنا في تحريك أسهل الأمور في حياتنا؛ فالمهام الجديدة تحتاج إذن المدير، والمشاريع الجديدة تحتاج موافقة المستثمرين، وحتى قرار الاستقلالية التامة من العمل يحتاج دعم شريك المنزل وصديق الطفولة، ولست ضد ذلك بالطبع، لكن تُرعبني تلك الفكرة عندما أتخيل وجوب تأدية كل خطوة في حياتي كإنسان مصاحبة بموافقة أو إضافة ما من شخص آخر، نعم أفهم أن الحياة بطبيعتها خُلقت للمشاركة والتعايش، لكنني أفهم أيضًا أن الحب

غريزة يجب أن تُسخر لتخرج بمنتج أو عمل إيجابي يُعمِّر الأرض ، لا أن نؤدي ونعيش كل يوم حياة لن نرى أنفسنا فيها .

هل لي أن أرسم لوحة إضافية من فضلك ؟

هل لي أن ألحن أغنية جديدة ؟

هل من الممكن أن أخترع اختراعًا جديدًا ؟

هل أستطيع كتابة كتاب جديد ؟

كلها أسئلة مضحكة في ظاهرها عندما نتخيلها تُسأل من قبل أي شخص ، ولا يسألها المخترع والفنان والكاتب .

ولعلي أجد العكس تمامًا في حياتنا وفيما يتعلق في العمل كعمل ، وأسمع في عقلي الآن توبيخ أحد الأصدقاء لصديق لنا يُعاتبه على خلافه مع مديره ؛ لرفضه إرساله لدورة خارج المدينة !

لا يعيش الفنان هذه المعضلة ، بل يُسخِّر كل جهوده ليؤمن كل من حوله بما يريد ، بل ويعكس كل سلبيات حياته لإيجابيات تخدمه مع الوقت (مهما طال الوقت) ؛ فيعيش ويفهم كل من حوله أن هذه هي حياته ، وهذا فنه الذي اختاره لنفسه وإن واجهته الكثير من الاعتراضات عليها في البداية ، سنتحول فيما بعد (نحن المعترضون على أسلوب حياة صديقنا الفنان) لباحثين عن فرص تسمح له بأن يعيش فنه ، ربما زبون جديد له ، أو مشروع يُناسبه ، وربما سنتحول تدريجيًا لنصبح طلاب علم

لديه لنتعلم من فنونه ، وتصبح المسألة مسألة وقت لا غير؛ لننسجم كلنا مع أسلوب حياة صديقنا الفنان ، وكونه أحد أفراد مجتمعنا .

الفن والألم:

الفنان . . . أفضل من يُقاوم مغريات الحياة ، يعيش كل يوم تحت تأثير نشوة الانتصار ، يبني يومه بنفسه لنفسه ، ينجز القليل ثم القليل ثم القليل ، وكله إيمان بأن القادم أفضل . عينه على المستقبل طيلة الوقت ، يحلم كثيراً ، ويبحث عن الحالمين أكثر ، يملك عدة قدوات ومرشدين في حياته ، يتعلم كأنه طفل صغير كل التفاصيل الجديدة في فنه ، يفرح كثيراً عندما يجد من يُشاركه نفس المفاهيم والاهتمامات ، أول ما يلفته الفنانين أمثاله ، وعندما يسافر في أنحاء العالم فإن أول ما يبحث عنه هو الفن لا أماكن الترفيه والتسوق ، ولهذا تجده لا يهرب من واقعه أبدًا بحثًا عن ما يسلي غيره . يتعلم من أخطائه ؛ لأنه شديد الصبر ، ولأن شدة الصبر تأتيه بدافع الحب فقط ، لا بتحمل الألم لمجرد وجوده . يستغرب الفنان من الموظفين الذين يكرهون أعاملهم ، ويستغرب أكثر عندما لا يحركون ساكنين باتخاذ قرار يُغير حياتهم اتجاه ما يحبون ، وربما يسهل عليه قول : «اترك وظيفتك التي تكرهها يا صديقي» ، مستقبلاً ردودنا العامة : «اللي ايده في النار مش زي اللي يده في المية» .

«إذا لم يعجبك المكان الذي تعيش فيه تحرك؛
فأنت لست شجرة»

- جيم رون

يزداد الفنان خبرة مع الأيام، ويزداد قوة عما كان عليه في السابق، والسبب يعود لتركيبته العقلية التي تتطلب منه أن يكون أقوى من تحدياته، لا أن يبرمج عقله بحثًا عن تحديات أسهل من مقدرته.

يتكيف الفنان مع ظروفه:

ويتكيف صديقه الموظف لحدود معينة في عمله؛ لينفجر بعدها باحثًا عن الفرصة الجديدة التي تأخذه بعيدًا عن التغيير الذي يُفترض به أن يفعله، وتكون مشكلة صديقه الأساسية هي تغيُّر الأشخاص لا الظروف، مما يسهل عليه إلقاء اللوم دون النظر لواقع الأمر بموضوعية، وتمر السنين تلو الأخرى وهو يبحث عن ضالته بين الوظائف والشركات؛ ليرفع من شأنه وشأن سيرته الذاتية التي تخلو من صدقه مع نفسه أكثر من كونها تلخيصًا لتجاربه المكررة.

يرتبط عمل الفنان كثيرًا بأحاسيسه؛ فلن تجد فنانًا واحدًا يدّعي الفرق بين وقت العمل ووقت الحياة الخاصة، بل إن سلوكه وكلامه وأفعاله ما هي إلا نتائج إحساسه المرتبط مع الفن؛ فيسهر ويستيقظ من

أجل عمله وفنه، ولن ينزعج أبدًا عندما يتحدث مع أصدقائه عن مشاكل وسطه الفني أو عن ما يؤرقه من سلبياته.

كيف يرى الفنان نفسه؟:

كلمات الكاتب الناجح تعكس شخصيته وأفكاره، وألحان الملحن الناجح تعكس أحاسيسه ورسومات الرسام الناجح تقول ما لا يقوله فمه وترسم عيناه ما تراه ولا يراه الآخرون، كذلك هي الفنون الأخرى، فابتسامة النادل ومدير المطعم تثبت أن عمله كفنان يتطلب ذلك، لا أن ينقل طلبات الزبائن من طاولة المطبخ لطاولة الزبون؛ لأنه يدرك أن «البوفيه» يؤدي ذلك الغرض! ويرى فنان البورصة أن الأرباح هي نتيجة فنه بالتعامل مع تركيبة السوق والمناخ الاقتصادي، لا الغاية من كونه في عالم البورصة هي البحث عن المال.

الفن والآمان:

أجزم أن كل عمل في الدنيا هو أحد الفنون إن أصبحت ناجحة بإجماع الكل. وأن كل عمل يصبح وظيفة إن انضم تحت خانة تقييم المتوسط «*Average*» أو العمل الآمن؛ فإن تكون متوسط الأداء تعني أن تكون موظفًا (مؤديًا للعمل)، ولن يصنع مؤد العمل الباحث عن الآمان في خطواته ذلك الفرق في حياته وحياة الآخرين؛ لأن كل الفنون والأعمال الاستثنائية هي التي تنال الثناء وتُحسب على أصحابها، وأجزم

أيضًا أن كل فنان ناجح قد تجاوز مرحلة الآمان في فنه محاولاً خلق ذلك الاستثناء .

- سيث جودين

الإنجازات الاستثنائية لن تأتي من خلال البقاء في خانة الآمان، ولعل الفنان أفضل من يُطبق هذا المفهوم ، فالخطأ المستمر يصنع الخبرة والفرق الحقيقي ، وتعريفي الشخصي للفرق في هذه النقطة تحديدًا يُلخص في : «إنجاز ما عجز عنه الآخرون» .

مؤدِ العمل والفنان

تأكيداً على المفهوم الحديث للوظيفة ، كل ما أحاول أن أقصده خلف هذا اللقب هنا هو الشخص «المؤدي للعمل» أو «الموظف» ، ولعلي أجد أن من العدل مقارنة هذا المفهوم عما يدور في حياتنا الواقعية خارج صفحات الكتاب ملخصًا في الجدول التالي :

الفنان	مؤدِ العمل
يحلم بأن يقود فنه لمستوى أعلى	لديه الفرصة بأن يصبح مديراً
يستقل بحياته وفنه تدريجياً	غير مستقل من الناحية المادية
ينصت لحدسه	يستمع للأوامر
يطور نفسه باستمرار	يحاول معالجة ظروفه دوماً
يتعلم ليكبُر في حياته وعمله وفنه	يدرس ليحصل على الشهادة
يبحث عن الملهمين طيلة الوقت	يلقي اللوم على غيره
يقرأ الأحاسيس قبل الكلمات	لا يقرأ أبداً
الاستمتاع بالعمل هو أسلوب حياة	العمل في نظره سنة كونية
يعيش لحلمه مهما كلف الأمر	يضحي بأحلامه من أجل الآخرين
يرى أن الموهبة لا تكفي، بل العمل المتواصل	يرى أن الموهبة هي سبب النجاح

الموهبة لا تكفي:

أحد أهم الكُتب التي غيرت نظرتي كليًا عن الموهبة كتاب «الموهبة لا تكفي أبداً»، للكاتب جون سي ماكسويل . تعلمت منه أن أحد أهم المغالطات الموجودة في حياتنا هي إيمان الأغلبية أن الموهبة هي عبارة عن هبة ربانية، اختارها الله لتُوجد في البعض دون غيرهم، وأنها السبيل الوحيد للنجاح، دون النظر للمسببات الأخرى كالعمل الجماعي، العمل المتواصل، العادات الحسنة، الالتزام وغيرها .

الموهبة لا تكفي ؛ لأن الموهبة تكون في أغلب الحالات هي شعلة الحركة التي سرعان ما تنطفئ إن لم يُدارى عليها .

الموهبة وإن كانت هدية من الخالق، يجب أن تُعامل بجدية لتكون بالفعل موهبة . اقرأ كثيراً عن رأي أهم قياديي العالم في كون القيادة مهارة للتعلم أكثر من كونها مواهب فطرية موجودة، واعلم وتعلم عزيزي القارئ يقيناً، أن كل الفنانين والقياديين والناجحين وصانعي الفرق لم يولدوا كذلك، بل إن المفهوم المعاكس هو الذي صنع منهم وفيهم ذلك النجاح عبر تكيفهم مع الحياة وعدم استسلامهم لأي من الظروف المحيطة، وأجد عكس هذه المعادلة في كثير من الحالات التي يعيشها مؤدِ العمل ؛ فنجد أن الأغلبية الساحقة لا يرتكز تعليمها ليطور أداءه ويرتقيَ بعمله، بل ليُثري سيرته الذاتية عند تقدمه للوظيفة المقبلة .

أذكر في يوم من الأيام . . . أحد المتقدمات لوظيفة معينة في إحدى الشركات التي كان صديقي يرأسها، عرضت الأخت الكريمة شهادات

لأكثر من خمسة وأربعين دورة ومحاضرة كانت قد حضرتها خلال أعوام قليلة لا تتجاوز الخمس سنوات، وعند سؤال الموظف لها عن حماسها حول هذا العدد الكثيف من الدورات، أجابت: أنها تفرغت بعد تخرجها (لا أذكر حقيقةً شهادتها الدراسية) لعدة سنوات بحثًا عن أي دورة تدريبية أو محاضرة قد تعطيها الشهادة والسبب ببساطة رغبتها الشديدة في التغلب على مثل هذه المتطلبات باكرًا قبل الشروع في العمل!

لستُ ضد الدورات التدريبية بالطبع، ولا يوجد أحد على وجه الأرض يعترض على أي وسيلة تمكّن الفرد من تطوير وتعليم نفسه، لكن عندما أشاهد تلك الأمثلة الكثيرة حول بحث الأغلبية من مؤدِ العمل عن أوراق تُثري ملفهم الأخضر، أُدهش جديًا عن عدم تمكنهم من فهم مصطلح «طلب العلم». وتعقيبًا على قصة الآنسة، أكثر ما أثار حفيظتي هو عدم تحدثها باللغة الإنجليزية بأقل مستوياتها!

وكل أسفي كان، عندما علمت أن اللغة الإنجليزية كانت المطلب الأهم لنيل الوظيفة آن ذاك، مما استدعى رفض الموظفِ لطلبها بالالتحاق للوظيفة.

تتطلب الحياة العملية صنع الفرق، وكل الفروق يتم البحث عنها من قبل المديرين والقياديين؛ فإن أُتيحت لك عزيزي القارئ توظيف أحد اثنين، بالطبع ستختار من سيملك الفرق الإيجابي عن الآخر، وإن تقدمت بالطلب على وظيفة ما سيتم اختيار من يملك الفرق عن غيره (بأقل تكلفة ممكنة) وليس بالضرورة أن تكون أنت صاحب الفرق.

ولعل نفس المفهوم ينطبق على سنة الكون باختيار الفنانين وصانعي الفرق عن غيرهم لينجحوا في هذه الحياة ، فبيكاسو لا يُقارن بأحد الفنانين المغمورين في كينيا مثلاً ، ولن يظهر ذلك الملحن الذي سيُسمع له في شتى بقاع الأرض ما لم يتجاوز ما صنعه بيتهوفن وموتزارت ، وهنا ألفت نظرك مرة أخرى محاولاً تشجيعك لتخرج من خانة الآمان والطاعة المرسومة لك (ولي) ؛ فإن كان كل من في هذا العالم استجاب لما هو مطلوب ومرسوم فقط ، سوف نتوقف عند استخدام هاتفي جالكسي وآي فون مدى العمر ، دون ظهور أي منافس لهما مهما طال الانتظار ، ولن نجد مطاعم أخرى جديدة ، ولن نستمتع بخيارات حياة أفضل على جميع الأصعدة ، وربما سنساهم بانتشار الظلم الموجود أصلاً من ناحية فلسفية أخُرى ، عبر الاستسلام لهذه السنن الكونية المزيفة ، وبالطبع لما كان بمقدورك قراءة مثل هذا الكتاب بغض النظر عن رأيك فيه ؛ لأني سأكون منشغلاً بشيء أكثر أهمية من وجهة نظري .

الفنان هو من يصنع الفرق

حتى إن كنت مؤديًا تقليديًا للعمل ، لن يستمر وجودك في خانة الآمان طويلاً إن قررت البحث عن صناعة الفرق ، ستجد من يحاربك لأنك ستحاول صناعة الفرق على حسابه ، وستجد أن البعض أصبح يقتدي بك ليصنع هو بعض الفروق في حياته ، ولعلك أخيراً ستنجح بالظهور بذلك الفرق الذي سيغير سير العمل .

بليك ماكوسكي -مبتكر ومؤسس شركة (TOMS) للأحذية، نجح في الحقيقة في صناعة ذلك الفارق عبر ابتكاره لفكرة «واحد مقابل واحد» الذي يطبقها في بيعه لأحذية تومس.

وكان ذلك بعدما زار الأرجنتين في أحد الإجازات؛ ليتفاجأ بعدد كبير من الأطفال الفقراء لا يلبسون أحذية من شدة الفقر، وقرر بعدها تدريجيًا تأسيس شركة تعنى بصناعة الفرق في هذا العالم بإعطاء كل فقير حذاءً جديد مقابل كل حذاء يُباع لأحد الزبائن. استمعت لأحد مقابلاته ذات يوم وهو وهو يقول: «من أهم المميزات التي تتميز بها شركتنا هي: استمرارية إعطاء الفقراء أحذية جديدة، طالما استمرينا في بيع الأحذية على الزبائن، ولعل هذه الطريقة تضمن عدم انقطاع ارتداء الأحذية الجديدة على الكثير من فقراء العالم، وأملك حقيقةً تلك القناعة الشخصية أن أقل ما يستحقه هؤلاء الأطفال، هو ارتداء أحذية جديدة». وهنا أجد أن القدرة على صناعة ذلك الفارق الحقيقي في هذا العالم، لن يحدث دون الحصول على حدود معينة من الاستقلالية، وتعد هذه في نظري أهم المعضلات التي تواجه مؤدِ العمل التقليدي، ولا يعيشها كل فنان بالضرورة.

ستيفن كينج -أحد أشهر كتاب الروايات في العصر الحديث- ومؤلف لأكثر من ستين رواية حازت كلها على الأعلى مبيعًا، وحولت منها أكثر من عشرين رواية لأفلام سينمائية كان أشهرها: «سجن شاوشنك» الذي حاز على ترشيح جوائز أوسكار عام ١٩٩٤م (وهو

اليوم الفيلم رقم واحد على موقع (imdb.com)، قد ذكر في أحد كتبه: أنه تفرغ تمامًا للكتابة بعد أن ألف ثلاثة روايات أصبحت تُدر عليه دخلاً يُعينه على الاستقالة من عمله كمدرس في إحدى الجامعات في أمريكا. وهنا وجد نفسه متفرغًا لذلك الطريق الذي سيصنع به الفرق في عالم الأدب والخيال العلمي الحديث.

ديباك شوبرا - طبيب ترك عمله منذ فترة طويلة - ليتفرغ لعلاج الروح قبل الجسد، لاقتناعه أن ٨٠٪ من الأمراض قد تصيب الإنسان إن لم يعتنِ بروحه ونفسيته التي غالبًا ما يؤدي عدم استقرارها لإصابة الجسد بالكثير من الأمراض. ألَّف أكثر من سبعين كتابًا، تتحدث معظمها عن الارتقاء بروح الإنسان ونفسيته وكيانه الداخلي، يشجع كثيراً على أهمية ممارسة التأمل والرياضة والتغذية الصحيحة كل يوم. ويعد الآن أحد أهم الملهمين في العالم، وصديق حميم لبعض أهم المشاهير في العالم كمايكل جاكسون وليدي غاغا.

هؤلاء الأشخاص وغيرهم الكثير من الفنانين، حصلوا على استقلالهم بعد تأدية العمل لبعض الوقت؛ ليتفرغوا بعد ذلك لنشر ما يرونه يستحق النشر بالفعل، وإن وجدت بالفعل تلك الموهبة التي ساعدتهم بالانتقال لمستوى آخر من مراتب الحياة، ولم ينهوا مصير حياتهم بتغيير ظروف من حولهم، بل كان كل تركيزهم للرسالة التي يعملون من أجلها، والتي أتاحت لهم بعد وقتٍ قصير تلك الاستقلالية؛ ليعيشوا موهبتهم وفنونهم.

توجد قرية واحدة في الصين تنتج أكثر من ٦٠٪ من اللوحات المرسومة في العالم ، قلة من يعلمون هذه المعلومة (وإن كانت مهمة لغرابتها) والسبب : أن الذين يرسمون هناك هم مؤدون للعمل ، يُطلب من كل شخص فيهم أن يرسم لوحات محددة خلال اليوم ، وإن وجد شخص ما يرسم نفس اللوحات براتب أقل سيتم تلقائيًا استبدال أحدهم مكانه . لن أهتم ولن تهتم بالسؤال عن الذي رسم لوحتك إن اشتريتها ؛ فأنت قد حصلت على إحدى اللوحات لأنها أعجبتك فقط . وهنا عندما أقول الفرق أقصد بشكل واضح إحساس الإنسانية في العمل ؛ فإن من رسم تلك اللوحة كان يذهب لعمله كل يوم ليرسم لوحة مطلوبة منه ، وإلا ربما تكون قد ترددت كثيراً في شرائها لارتفاع سعرها !

كلما ازداد حس الإنسانية في صناعة المنتج ازدادت قيمته ؛ ولأن أغلى السيارات في العالم صناعة يدوية بالكامل ؛ فقد أصبحت أغلى السيارات في العالم .

آلات إنسانية

تأدية العمل دون وجود الإحساس الإنساني الذي يدفعنا للذهاب للعمل أسميه مصطلح «الآلة الإنسانية» ، وللتوضيح أكثر «آلة إنسانية تؤدي العمل» ، وهنا يكون عكس أداء الفنان لعمله .

أن تكون فنان هو أن تضع روحك الإنسانية في عملك ويومك ؛ فعندما تذهب لعملك كل يوم بكل شغف تبتسم لكل من هناك تخدم عملاءك بالشكل المطلوب (وأكثر) ستشعر كل الأطراف أنها تتعامل مع

كيان إنساني ذو إحساس، وليس آلة إنسانية تؤدي ما تطلبه الأوراق والأنظمة وفي تلك الحالة (ربما تلك الحالة الوحيدة) سيكون مديرك سعيدًا بك، وسيكن لك زملاؤك كل الاحترام، وستصنع بالطبع عملاء مخلصين لك أثناءَ وخارج أوقات الدوام، لتمتلك في نهاية المطاف فنك الخاص.

عندما اهتمت الثورة الصناعية بتوظيف النسبة العظمى من أطياف المجتمع؛ لتخدم في مصانعها، لم يكن هناك هدف حقيقي لإيصال شعور رجل الأعمال أو مالك المصنع لرغبته بالتوظيف حبًا لأبناء بلده، بل أن المصلحة الأولى تنحصر في زوايا أخرى لا يراها معظم من عاش تلك الحقبة (ولا زلنا نعيش بقاياها الآن).

فعندما تقرر شركة فورد مثلاً توظيف عشرين ألف موظف يعملون في تصنيع السيارات وتركيبها، لا حبًا فيهم بل لجعل خط إنتاج السيارات أكبر، مما يتيح زبائن أكثر، ليصبح سعر السيارة ألف دولار، وبالتالي يمكن لأي شخص امتلاك واحدة، وأخيرًا سيتم ضمان عدد كبير من الزبائن للمستقبل، ويزداد الثري ثراءً ويزداد الفقير حاجةً لأداء العمل.

أين الفنان إذا؟

الفنان هو من أوجد تلك المصانع!

هو من أحدث الفروق في هذه الحياة، وهو من جعل جدك وجدي يشتري من منتجاتهم التي تصنعها الآلات الإنسانية. ولتعلم أنك إن

عشت خلال تلك الفترة ستكون -رغم توفر الوظائف- تحت رحمة مدير خط الإنتاج؛ فإن وجد فريق عمل أرخص، ربما ستكون أحد ضحايا الاستبدال!

وعمومًا، دون عقلية الفنان، سنكون للأبد تحت ضحية السلطة التي تبحث عن الأرخص، لسببين (ولعلي لن أخفي انزعاجي منهما):

١. الشركات تبحث عن الأرخص فقط: وأنت شخصيًا عزيزي القارئ إن تساوت مهاراتك وعلمك ومقدرتك مع شخص آخر، سيقع الاختيار على «الأرخص»، حين تتقدم لوظيفة ما.

٢. إن كُنت على رأس الوظيفة: سيتم اختيار الأكثر كفاءة (الأكثر إنسانية في أداء عمله) لينتقل بمستوى أعلى في الوظيفة والراتب، ولن يتم طردك بالطبع، لكن ستظل الأرخص في مكانك دون إزعاج؛ ليأتي ذلك اليوم الذي تنفجر فيه بحثًا عن الفرصة التالية، أو ستستسلم للسنة الكونية المزيفة.

لا أود هنا أن أخلق تساؤلاً جديدًا حول مستقبل الموظفين أو امتنانهم لأعمالهم من عدمه، لكن كل حرصي يرتسم حول أهمية توضيح ذلك الفرق الذي يكمن بين الفنانين والمؤدين للعمل، ولعل الجزء الثاني من الكتاب سيوضح بشكل كبير ذلك الفرق الذي وجدته بين الفنان ومؤدِ العمل التقليدي الذي يستيقظ صباحًا كل يوم؛ ليذهب إلى عمله.

العمل بهدف لحياة بهدف

«لا أحتاج إلى منبه؛ فشغفي يوقظني كل يوم»

-إيريك توماس

شدني كثيراً مشهد لاعب كرة القدم المعتزل إيريك توماس، بين طلاب إحدى الجامعات، عندما حكى لهم قصة ذلك الشاب الذي ذهب لأحد أبطاله يطلب منه أن يعلمه كيف يكون غنياً وناجحًا مثله، ليقول له البطل: حسنًا تريد أن تكون ناجحًا؟ إذًا لنتقابل غدًا الساعة الرابعة فجرًا عند الشاطئ، وسأرشدك لطريق النجاح وقتها.

استغرب الشاب، ثم وافق على هذا العرض، ليقابله صباح اليوم التالي عند شاطئ البحر.

طلب منه البطل أن يمشي باتجاه البحر، مبديًا الشاب استغرابه، وقال: سيدي طلبت منك أن تشرح لي كيف أكون ناجحًا وغنيًا لا أن تعلمني السباحة! رد عليه البطل: تقدم باتجاه البحر، واصمت. تقدم

الشاب إلى البحر؛ حتى وصلت المياه إلى رقبته؛ ليقوم البطل بإغراق رأسه للحظات داخل الماء . وخرج الشاب بعدها وهو يشعر بالاختناق الشديد وقال : ماذا فعلت؟

رد عليه البطل : أريد أن أسألك سؤالاً، ماذا كُنت تريد وأنت تحت الماء؟

رد الشاب : طبعًا، كُنت أريد أن أتنفس !

قال البطل : إذاً . . . لم تكن تفكر بجوال جديد؟ أو ملابس جديدة؟ أو بعمل ما، هل هذا صحيح؟

رد الشاب : هل أنت مجنون؟ قلت لك كنت أريد أن أتنفس !

قال البطل : هنا يكمن النجاح .

عندما تتنفسه . . . عندما تحتاج إليه فعلاً بقدر ما تحتاج للهواء في تلك اللحظات ، ستكون ناجحًا .

كل فنان في هذا العالم يتنفس نجاحه؛ يتنفس فنه الذي يعيش له ، كيف يمكن لنا أن نتخيل صناعة الفرق لهذا العالم دون وجود هدف ، كيف يمكن مجرد التخيل أن أي إنسان على وجه الكرة الأرضية سيرتقي بعمله ، وسيصبح في ذلك المستوى الذي خلقه لنفسه بمجرد تأدية العمل المطلوب منه !

أستشهد كثيراً بقصة الفنان جيف بيزوس (مؤسس موقع أمازون)، عندما علمت أنه عمل على إدارة الشركة لأكثر من عشر سنوات (من

عام ١٩٩٤م حتى ٢٠٠٤م) دون تحقيق أي ربح له أو للمساهمين في الشركة، والآن عندما نعلم أن أمازون تجاوزت مبيعاتها عام ٢٠١٧م مئة وسبعة وسبعين مليار دولار، مع نجاح منقطع النظير ولتصبح أيضًا منذ سنوات من أكبر شركات التجزئة في العالم، وصاحبة أكبر مكتبة في التاريخ، أجد ضرورة العيش بهدف لحياة بهدف، وإلا لم يكن سيصبر على كل تلك السنوات دون أرباح ليواجه بها المساهمين؛ فاقتناعه بنجاح الشركة واستمراريتها مرهون بإيمانه بهدفه طيلة الوقت، لنجد في المقابل أن معظمنا (وأنا أولهم) يتهرب من أسهل المطبات؛ ليبحث عن فرصته الجديدة في هذه الحياة. كيف تستطيع إقناع بابلو بيكاسو، عندما كان يحرق لوحاته التي رسمها؛ ليتدفأ بها من شدة فقره أن هذه اللوحات ربما تُقدر بالملايين في يوم من الأيام.

كيف ستقنعه أن البعض فقط من لوحاته هي التي صنعت مجده بالرغم أن رسوماته تجاوزت الثلاثة آلاف رسمة طيلة حياته؟ . . في الحقيقة لا أعتقد أن أحدًا منا لو عاش معه كان يستطيع ذلك، والسبب أنه ببساطة كان يتنفس فنه الذي عاش ومات من أجله، وكان يؤمن أن اللوحات التي احترقت، سيكون بمقدوره أن يرسم لوحات أفضل منها في المستقبل، وإلا كان سيحترق مع أحد اللوحات التي أحرقها آن ذاك.

وعندما قال ستيف جوبز في محاضرته الشهيرة بجامعة ستانفورد: «إن النقاط والظروف الخاصة بمستقبلك لا يمكنك إيصالها، بل ستصلها جميعًا عندما تصبح من الماضي لتعرف أنك كنت على

الطريق الصحيح» لم يكن يعلم قبلها أنه سيُطرد من شركته التي أسسها (آبل)؛ ليعود بعد ذلك عام ١٩٩٩م أكثر قوة وحماسًا، ليقود الشركة لما أصبحت عليه الآن .

المخاطرة: لكي تعيش حياة بهدف

«إن أعظم الفنانين أمثال دايلن، نيوتن وبيكاسو يخاطرون ليفشلوا، وإن كنت تريد أن تصبح ناجحًا عليك بالمخاطرة أيضاً»

– ستيف جوبز

وكثيرًا ما يردد السير د. كين روبنسون: «أن من لا يملك الاستعداد ليخاطر، لن يملك القدرة على صنع شيء أصلي»، وهنا حتى إن كانت المخاطرة ضريبة الفن الحقيقية (ولعلها الوحيدة)، التي ربما تقودنا لذلك النجاح الذي نراه عند الفنانين، أجدها ببساطة تستحق تلك التضحية، عوضًا عن العيش والموت في استقرار لا يصنع لأنفسنا أو للعالم أي قيمة، وفي المقابل، أجد أن مقاله سيث جودين: «إن أخطر ما تكون عليه اليوم هو أن تكون عاديًا»، هو عدم الإنسانية لأداء العمل؛ فالآلات إن نفذت ما عليها ستكون محدودة القدرة (رغم انبهارنا بها في

البداية)؛ لتصبح بعد فترة تؤدي عملها المتوقع منها وغالبًا ما تنقص قيمتها مع مرور السنين. تمامًا كالإنسان المؤدي للعمل، فلن نستطيع أن نطلب عديم الخبرة أن يؤدي العمل المنوط به بإتقان منذ يومه الأول، ولكن سيكون من السهل عليه تأدية نفس العمل بعد القليل من الممارسة، ليستقر عند هذه المرحلة، متخوفًا من أي تغيير يطرأ عليه في حياته، ويصبح مدى العمر «مجرد آلة تؤدي عملها بشكل محدود»، وهنا تنقص قيمة الإنسانية.

«كل شيء حولك في هذه الحياة قد بُني من قبل أشخاص ليسوا أكثر ذكاءً منك، يمكنك أن تُغير، يمكنك أن تُلهم، يمكنك أن تبني أشياءك الخاصة التي يمكن لغيرك أن يستخدمها»

– ستيف جوبز

حياة تختارها بدلاً من أن تهرب منها:

«قضيت قبل أعوام أحد الإجازات في جامايكا، كُنت مسيقظًا الساعة الرابعة صباحًا أعمل على الكمبيوتر الخاص بي في لوبي الفندق، مر بجانبي زوجان كانوا يقضون إجازتهم معي في نفس الفندق، سمعت الزوجة تهمس لزوجها: كم هو مسكين هذا الرجل (كانت تقصدني)؛

فهو يعمل أثناء إجازته ، لا بد أن يكون عمله مرهقًا فعلاً ، لابد أن مديره قاسٍ ، كيف يمكن لشخص أن يعمل أثناء إجازته في مكان جميل كهذا؟

حزنت على الزوجين كثيراً عندما سمعت هذه الكلمات؛ لأن معظمنا يعيش حياته الحقيقية عندما تبدأ أول أيام الإجازة .

من هو صاحب الوضع المحزن بالضبط؟ الزوجان اللذان يهربون من حياتهم الواقعية؛ ليعيشوا حياتهم المؤقتة التي يرغبون بها أثناء الإجازة؟ أم أنا الذي أعيش حياتي كما هي في الإجازة وكل الأوقات الأخرى»

«من الأفضل أن تجد لنفسك الحياة التي تُريد أن تعيشها، بدلاً من أن تهرب منها منتظراً الإجازة»

— سيث جودين

كل يوم أعيشه في قضاء عمل أو شيء لا أحبه . . . أبتعد خطوة عن أداء العمل كفنان، لا أنكر أن ما يجب علينا فعله وما نفعله في الواقع لا يتفق بالضرورة طيلة الوقت . عملت شخصيًا في عدة مجالات مختلفة منذ كُنت في السابعة عشرة، كان معظمها لا يمثل شخصيتي بشيء، ولم تكن بالضرورة هي الأعمال التي كُنت أحلم منذ طفولتي أن أعمل بها، ودائمًا ما كنت أسمع زملائي في تلك الفترة يعاتبونني على الخوض في عالم الأعمال في مثل هذا السن الصغير —«لاحق على الهم»— أكثر جملة

سمعتها من زملائي الأكبر سنًّا مني ، خصوصًا بعد أن علموا أن الوضع المالي لم يكن هو الدافع للعمل .

ولن أنكر ما يعيشه معظم الناس في حياتهم العملية ، ماهي إلا بعضًا من الضغوط التي استوجبت وصولهم لهذه النتيجة ، كل ملاحظاتي تدور حول إدراك الفرق بين تأدية العمل ، واكتشاف الفن الحقيقي للشخص أو ما يريد لحياته أن تكون عليه .

وحتى إن كان هذا هو الوضع الواقعي لحياة كل منّا في تصوره الآن ، أجد أن من الطبيعي أيضًا رسم خطوط جانبية تقودنا لما نريد ، وما نحب أن نكون عليه في خيالنا .

عملت في أحد المطاعم للوجبات السريعة ، ثم في أحد شركات العقار في السعودية ، ثم في أحد شركات الدعاية والإعلان ، ثم في أحد أكبر البنوك ومنها بدأت حياتي في العمل الخاص التي صاحبت أيامًا سعيدة ومحزنة بظروفها المختلفة ، ليست كلها بالضرورة تمثلني كما قلت ، ولكن لا أنكر أنها كانت بوابة العبور لحياتي التي أعيشها الآن ، فقد ادخرت بعض المال في آخر وظيفة لي ، وتعرفت على أشخاص رائعين أصبحوا اليوم شركائي في تجارتي الخاصة ، والتي أجد فيها فني ونفسي .

معيار النجاح:

مقياس الحب هو المقياس الحقيقي بالنسبة لي ، حياة وأشخاص أختارهم ؛ ليكونوا بجانبي ، هو المعيار الأهم للنجاح أيًا كان المجال في نظري . وكل الأمور الأخرى ستأتي تدريجيًا في وقتها المناسب ، وعندما يُفقد ذلك الإحساس بالانتماء والحب نتحول لمؤدين للعمل ، ويتحول معظمنا لأشخاص ناقمين على حياتهم التي يعيشونها ؛ فنلقي اللوم على كل شيء ما عدا أنفسنا .

لا يلوم الفنان أحدًا عند فشل لوحته ، أو فشل صفقته ، أو تضايق أحد العملاء في شركته ؛ لأنه يعد نفسه صاحب تلك القضية ، والمسؤول الأول والأخير عن نجاحها وإنجاحها ، وبالتالي إنجاح حياته التي تقتضي إنجاح فنه .

التاريخ يذكر الفنانين

نعم . . . لا يذكر التاريخ مؤدي العمل الناجح، لا يذكر التاريخ مدراء اشتُهروا بتأدية العمل بشكله المطلوب على أكمل وجه، لا يذكر التاريخ تلك المدرسة التي وزعت درجاتها بكل كرم على بنات الفصل .

يذكر التاريخ كل من صنع الفرق في حياة الآخرين، يذكر كارير الذي صنع لي التكييف، يذكر لوحة الموناليزا وليوناردو دافينشي، يذكر ابن الهيثم الذي وضع أسس صناعة «القُمرة/ الكاميرا» ليعيش المؤدون للعمل كل يوم يلتقطون صوراً من حياتهم المملة (وحياتي أيضًا)، وربما يموت معظمهم دون أن يتذكرهم أحد سوى أهاليهم وأحبائهم .

حتى مجرمي الحرب، ورؤساء العصابات أصبح لهم صفحاتهم الخاصة في التاريخ؛ لأنهم أدوا جرائمهم وفنونهم على أكمل وجه . تلك هي السنة الكونية عندما يعيش الفرد ويموت على قضيته أيًا كانت ليصنع بها ذلك الفرق عبر التاريخ .

لا يحتمل التاريخ معرفة الفرق بين خير أعمال البشر من شرها، لكن يسجل في كل عام فروقهم التي صنعوها، يسجل التاريخ نتائج

الأعمال التي أخلصوا من أجلها، يسجل التاريخ وواقعنا الآن وجود مطاعم كنتاكي التي اخترع وجباتها الكولونيل ساندرز، ويعرف القاصي والداني بعض تفاصيل حياة مايكل جاكسون الذي مات منذ بضع سنوات .

اسأل أي شخص مولع بالكرة، هل تعرف مارادونا؟ زيدان أو ميسي؟ واسأله إن كان يعرف أيضًا فرانك ديبور (قائد المنتخب الهولندي سابقًا) ستجدهم -إن عرفوه- سيستغرقون بعض الدقائق، وربما بعد محاولة البحث عنه خفية في جوجل .

فرانك ديبور ... لم يكن الأفضل في العالم، بل كان أفضل الموجودين في هولندا ليكون قائدًا للمنتخب، وهذا لا يعني عدم قدرته على اللعب بشكل ماهر، لكن خبرته هي التي أوجدت هذا اللقب له، تمامًا مثلما يحصل عند بعض المنشآت .

تعمل زوجتي في إحدى المستشفيات الحكومية بوظيفة مشرفة صيدلية، وكل يوم تحكي لي قصصًا مضحكة عن بعض الأخطاء والمشاكل الإدارية التي أستغرب ويستغرب كل من يسمعها بأن الحلول البديهية لم تُتخذ لحلها، رغم الاعتراف بوجودها، وأسمع دومًا نفس الإجابة منها: «المديرون رؤوسهم متحجرة وكبار في السن» أو «وضعوا فلان الذي لا يفقه شيئًا كمدير لهذا القسم» أو «لا أدري كلنا نحن الموظفون قلنا هذا الكلام»، وتضيف: أن سبب تعيينهم الرئيسي في هذه المناصب الإدارية هو عدد سنوات العمل التي قضوها في أقسامهم أو في

المستشفى عمومًا، لا لكفاءتهم الإدارية، وطبعًا تؤخذ في الاعتبار المؤهلات الدراسية التي حصلوا عليها قبل عشرات السنين!

أسمع دومًا قصة زميلهم (سأسميه ماجد): الذي يتغيب عن العمل باستمرار منذ سنوات؛ حتى لحظة كتابتي لهذه السطور، دون وجود عذر حقيقي لتغيبه عن العمل، ورغم استمرار شكوى زملائه ومديره المباشر عن هذا التغيب، وعن أدائه الضعيف في العمل -إن حضر- لم يستطع أحد (كائنًا من كان) على فصله من هذه الوظيفة، بحجة أن سياسة العمل الحكومي لدينا تصعب مسألة الفصل من العمل كثيراً، أو لأنه يملك «واسطة» قوية تلزم الجميع بتحمله.

المثير في الموضوع، أن ماجد يعمل خارج أوقات الدوام بأحد الفنون (سأسميها التلحين) التي يعشقها، ويجني منها أضعاف ما يجنيه من عمله في المستشفى، بل وأنه يعتمد كليًا على دخل فنه الذي يعمل به، ويعتبر أن راتب المستشفى ما هو إلا وسيلة لتسديد فواتيره الشهرية لا أكثر، ويعتقد الكل أن تغيبه الدائم بسبب انشغاله شبه التام مع فنه وشخصيته الحقيقية خارج أسوار المستشفى!.

هل حقًا وجود تأدية العمل يمثل ضغطًا اجتماعيًا؟

يستوقفني كثيراً عدم تفرغ ماجد لصناعة تاريخه الخاص، والعمل على فنه الذي يعشقه! بل أستغرب أكثر من عدم اكتراثه بالوضع الحالي وخلقه لمجموعة أعداء، وسمعة سيئة في عمله وخارجه.

لا أعلم ظروفه الحقيقية على كل حال ، لكن عندما يعترف أمثاله لكل من حولهم أن شغفهم (ودخلهم المادي) الحقيقي خارج الوظيفة التي يعملون بها ، هنا تكون المشكلة الكبرى ، ليستمر ضرر المنشأة بتقصيرهم ، ويستمرون بالعيش في زيف السنة الكونية التي صنعوها لأنفسهم (أن العمل ابتلاء ويجب تحمله) .

سلوك الفنانين

أول ما يفصل بين سلوك مؤدي العمل وسلوك الفنان هو «الخوف»؛ لأن كل فنان يعيش يومه بتفاؤلَ غير مصطنع والسبب ببساطة : هو إدراكه لإمكانية خلق شيء أفضل . ودائمًا ما يعلق الكاتب ستيفن كينج على تقبله لقراءة الكتب الجيدة والسيئة من زاوية الكاتب ، بقوله : إن الكُتب الجيدة تعلمني ، والكُتب السيئة تقنعني أن لدي الفرصة بأن أكتب شيئًا أفضل . وهذا ما يؤكد لي أن الخوف في حياته قد تم تجاوزه منذ زمنٍ بعيد .

ولعلي أؤكد هنا أن هذا الفصل بالتحديد هو الأهم في الكتاب ، وهو ما استغرق مني في الحقيقة الجهد الأكبر لحصر سلوك الفنانين ومقارنتها مع مؤدي العمل (وتأديتي للعمل خلال حياتي العملية) ، لأجد أن هناك فرق حقيَقي بين سلوكيات الفنانين والناجحين في تأدية العمل عن غيرهم من الناس العاديين ، وأؤكد مرارًا أن اختياري لمفهوم الفنان لم يكن عبثًا ، ولم يكن محض الصدفة لإقناعك بأن كل فنان يصنع الفرق في هذه الحياة . يقول زيج زيجلر: «لم يستيقظ أحد من النوم

فجأة؛ ليقرر أن يكون رئيس مجلس إدارة إحدى الشركات»، وأضيف أن نجاح الفنانين في العالم كان نتيجة سلوكيات معينة اتخذوها كنهج في حياتهم؛ حتى نقلتهم لما هم عليه.

اطلعت على حياة كثير من الفنانين عن كثب، واستخدمت عدة مراجع لأصّل لهذه القناعة التي أشاركك بها الآن، وهي أن سلوك الفنانين والتزامهم بقضيتهم وفنهم هو الذي قادهم للنجاح والوصول لأعلى السلم، وبالتالي لم يعتمدوا أيضًا على مشروع تم تنفيذه خلال ليلة وضحاها أو عمل ما خرجت نيته بمحض الصدفة.

تأكدت تمامًا أن هناك مجموعة عناصر مشتركة كانت قد صنعت فيهم ذلك الفرق، وسأتحدث عنها بالتفصيل في الجزء الثاني من الكتاب، لكنني وجدت أيضًا أن العناصر الثمانية قد سُبقت بثلاثة قرارات هي التي أوصلتهم للمرحلة الثانية، والتي استمروا عليها مدى الحياة وهي:

1. التخلص من الخوف.

2. قرار البداية.

3. الحياة من أجل الهدف (قضيتهم في الحياة).

ولعل ما شد انتباهي أيضًا عدم تأثر معظم الفنانين بسلوك آبائهم وتوارث الفنون منهم؛ ليثبت لي أن كل فنان ما هو إلا ولادة عقل استحق الزخم والنجاح، ولم يتوقع معظمهم أن تلك النتيجة هي التي كانت مرسومة من قبل لحياته، رغم احتفاظهم وعملهم بالقضية التي أشغلت حياة كل منهم.

وعندما نتحدث عن السلوك، نتحدث عن الطقوس اليومية لهم، وطريقة تفكيرهم، ومواجهتهم للظروف، وحياتهم منذ استيقاظهم من النوم حتى رجوعهم للفراش آخر الليل، نتحدث عن أسلوب الحياة بكل تفاصيلها، وعن إلزام كل من حولهم بهذه الطريقة للعيش والتعايش، وربما أجد أن التحدي الأكبر هو الاستمرارية مدى الحياة على مجموعة قناعات تُعد من سننهم الكونية غير القابلة للتغيير مهما اشتدت وبرحت لهم الظروف. وأجد العكس تمامًا عندما يعيش الفرد منا -خصوصًا المؤدي للعمل- حياته دون وجود قضية ما أو التزام يرى نفسه فيه سيكون دومًا تحت تأثير أقل المتغيرات حتى بمقاييس الحياة المرفهة.

لن يكون بمقدور بعض المؤدين للعمل تقبل فكرة اختفاء سيارتهم الفخمة؛ لأنها أصبحت مع الوقت جزءًا من شخصيتهم (وربما يغطون بها نقصهم) ولن تستطيع الإنسانة العادية تحمل تلك الضغوط الحياتية البسيطة التي تستوجب أحيانًا تكرار فساتين الأفراح، ويُقاس هذا الأمر مع الخدم والحشم، ومكان السكن ومستوى المعيشة المعين الذي أصبح من المسلمات التي يُحرّم على كائن من كان مسها، ولعلي أُرجع السبب وراء هذا الموضوع هو ارتفاع قيمةً الماديات، وانخفاض قيمة القضايا الروحانية والفنون التي كان من الأولَى أن تحل محلها.

وأرى أن النسبة الكبرى (خصوصًا لدى المجتمع الغربي) أن الفن هو الذي يخلق من الإنسان قيمته، لا ما يملكه من أصول وماديات ينتهي تأثيرها وبريقها مع الوقت.

يلبس ستيف جوبز نفس القميص الأسود والجينز القديم مع حذاء نايكي الأبيض منذ عدة سنوات ، ولا يرتدي زاكربيرج (مؤسس موقع فيسبوك) ساعة يد فاخرة أو أي ملابس تُوحي بمنصبه واهتمامات من في عمره ، ويقود وورن بافيت (أغنى ثاني رجل في العالم) سيارته اللينكولون بنفسه ، ويسكن في بيته الصغير منذ أكثر من خمسين عامًا (وقد تجاوزه سن الثمانين الآن) ، بل إن ابنته اعترفت في أحد اللقاءات التلفزيونية أنها نادرًا ما تجد أباها يشرب الماء؛ ليستبدله معظم الأحيان بمشروب الكوكاكولا –دلالة على عدم اعتنائه حتى بصحته– وأعتقد أن قناعته الداخلية بهذا النمط الغريب من الحياة رغم امتلاكه لثروة طائلة تعود لإيمانه الشديد بقضيته وفنه حول المال والأعمال ليعيشها ويتنفسها كل يوم عوضًا عن أوكسجين المستشفيات ، وفي كل يوم تزداد ثروته يغتني كل من حوله ، ويعيش مع ذلك حياته بكل بساطة دون منغصات مادية ونفسية ، جعلت منه رجلاً ملتزمًا على رأس عمله دون مواجهة أي أمراض نفسية وجسدية .

داروين سميث:

لعلي أجد في شخصية داروين سميث كما تحدث عنها جيم كولينز في كتابه «Good to great» الكثير من معطيات الفنان الذي لا يأبه كثيرًا بسطحيات الأمور . داروين سميث ليس معروفًا عند أغلب الأشخاص في الولايات المتحدة ، ولعل شخصيته الصامتة وإنجازاته الكبيرة التي صنعها خلال حياته تحدثت عنه الآن بعد وفاته عام ١٩٩٥م .

كان الرئيس التنفيذي ورئيس مجلس إدارة شركة «كيمبرلي كلارك» منذ عام ١٩٧١م وحتى عام ١٩٩١م .

حوّل مبيعات الشركة السنوية من ١ مليار دولار لتتجاوز الـ ٧ مليارات خلال فترة رئاسته . ويحكي أحد رفاقه عن فترة مزاملته في الجامعة : «كان داروين يعمل صباحًا؛ ليتمكن من العيش ودفع مصاريف دراسته التي كان مواظبًا عليها في الليل» .

فقد أحد أصابع يديه أثناء عمله ، وكانت المفاجأة عندما أصر على ذهابه ليومه الدراسي ليلاً ، وقد أكمل يومه وحياته بشكل طبيعي دون أن يعطي مجالاً لأحد بالعطف على حالته الصحية .

استمرت حياته بين العمل والدراسة؛ حتى استلم بعثته لإكمال رسالة الدكتوراة في جامعة هارفرد وعند إكماله تعليمه وتعيينه رسميًا الرئيس التنفيذي لكيمبرلي كلارك ، أبلغه طبيبه أنه مصاب بمرض السرطان ، وسيكون محظوظًا إن تمكن من العيش سنة أخرى .

في اليوم التالي طلب اجتماعًا مع أعضاء مجلس إدارة الشركة ليبلغهم بمرضه ، وقد قال فور الانتهاء من إذاعة الخبر : «من الواضح للجميع إنني لم أمُت بعد ، سوف أتابع عملي كالمعتاد دون أي تقاعس أو تقصير ، وفي الحقيقة ليس لدي أي نية للموت في أي وقت قريب» .

وكانت المفاجأة الكبرى بأن داروين ازداد حماسه والتزامه بالعمل ، وأصبح أكثر حيوية ونشاط؛ لينقل الشركة إلى نجاحات غير متوقعة رغم

المرض؛ فقد استحوذت شركته على كُلاً من شركتي «كلينيكس» و «هجيز» خلال السنوات التالية.

ويقول جيم كولينز في نفس الكتاب: «كل من استثمر أمواله في أسهم شركة كيمبرلي كلارك خلال فترة رئاسة داروين حتمًا قد أصبح من الأغنياء»، وأضاف: «كانت الصاعقة عندما علم الجميع باختفاء السرطان من جسده؛ ليعيش بعد ذلك خمسة وعشرين سنة، عشرون منها كانت فترة رئاسته للشركة، يمكنك القول أن شجاعته هي السبب، الحظ هو السبب، الجينات هي السبب، لكن لا يمكنك إغفال أن رجلاً بمثل هذه الصلابة، لن يستسلم بسهولة للسرطان».

وتحكي زوجته أنه في أحد الأيام كان جالسًا معها في المنزل، وقال بشكل مباغت: «أتعلمين ما هو أكبر درس تعلمته في حربي مع السرطان؟ أنك لو اكتشفت وجوده في يدك؛ فعليك أن تتشجعي وتقطعيها فورًا ودون تردد؛ لتكَملي حياتك بشكل طبيعي».

اشتهر كثيرًا بأجوبته الغريبة للصحفيين، وحيث كان يُسأل دائمًا عن سر نجاح الشركة؛ فيقول: «كل الفضل للموظفين والمديرين وعملاء الشركة فقط».

الفن والمزاجية:

لا يستسلم كل فنان ناجح للمزاجية، وكُنت حقيقة من الأشخاص الذين يتفاخرون بشخصيتهم المزاجية، والتي ترتبط ارتباطًا وثيقًا بتناول

أمور الحياة بشكل خاطئ مستسلمًا لهوى الظروف، وتفرغ الأصدقاء وتوافر إمكانية الهرب نحو كل ما يقودني نحو اللهو واللعب، بل كُنت أجد الشخصية المزاجية أكثر إثارة من أي شخصية أُخرى! حتى تعلمت أخيرًا أن كل ناجح «بالضرورة» يجب أن يتحدى المزاجية بكل أشكالها؛ فهي لن تقودنا للذهاب يوميًا إلى العمل ولن تظهر حبنا الحقيقي للإنجاز؛ لأنها ببساطة مشغولة بما هو عكس الإنجاز. وعندما نقرر الاستسلام لمزاجية العقل والقلب؛ فإننا نركلها نحو هوى الظروف وحالة الجو، وحب الترفيه ورغبة الأصدقاء في مشاركتهم فعالياتهم.

المزاجية دائمًا ما تستسلم وتصنع حب الإنسان للهو واللعب، وتقودنا برحمة الشهوات بدلاً من عقلية الفن؛ فأقل المشاكل والملهيات الروتينية تؤثر على يوم العمل، وكل يوم عمل يُصرف -برحمة الشهوات والترفيه- يكون ضحية الأعذار والتقصير.

داروين سميث - من أفضل الشخصيات التي حاربت المزاجية والظروف - وأصبح نجاحه مرهون بحجم الاهتمام لأداء العمل، لا بالمؤثرات الخارجية التي قد تطغى بسهولة على حالة أيًا من مؤدي العمل (وأنا أولهم) إن واجهوها.

«لا أنتظر المزاج ... لن أصنع شيئًا إن انتظرته،
يجب أن يعلم العقل أن عليه أن يعمل»

- بيرل إس. باك

ثمانية قناعات يعيش بها كل فنان؛ ليصنع الفرق:

عندما استوقفتني سيرة الفنانين والناجحين في هذا العالم، قررت كتابة هذا الكتاب محاولاً تبسيط أهم تلك العناصر التي صنعت منهم ما صنعت، خصوصًا عند توقفي مرارًا وتكرارًا على مفهوم «عدم امتلاك الفنان لقدرات غير التي يمتلكها أيًّا منّا». حصرت تلك العناصر الثمانية لأكتشف أنها تتعلق بالسلوك فقط دون أي معطيات أخرى. لأتأكد تمامًا أن كل نجاح وفن في هذه الدنيا يرتبط بحالة عقلية محددة وبطقوس متواصلة دون توقف طيلة حياتهم؛ ليصبح أي فنان أو مؤد للعمل بعدها في قمة الهرم، وأعلى ما يمكن الوصول إليه كمقدرة إنسانيةً.

1. لا وجود للإلهام.

2. الحب.

3. الروتين (العمل المتواصل).

4. الغزارة (١٠،٠٠٠ ساعة عمل).

5. تسعة من عشر محاولات تفشل.

6. الاستلام والتسليم في الفن.

7. المقاومة – *The Resistance*

8. المشي والرياضة.

هي تلك العناصر المشتركة في جميع الفنانين يوجد بالطبع بعض حالات الاستثناء مع اختلاف الأوقات والظروف ، لكن ثق تمامًا عزيزي القارئ . لم تنقص إحدى هذه العناصر الثمانية في أي فنان عند اطلاعي على حياتهم ، ومراقبة نجاحاتهم عن كثب .

ولأكون صادقًا مع نفسي قبل أن أنقل إليك ما يفعلونه في حياتهم بالتفصيل ، أؤكد لك أنني في صراع يومي دائم ، محاولاً برمجة حياتي العملية والشخصية لأتعايش مع هذه العناصر ، ولعل هذا الكتاب أول محاولة مني للالتزام بما أقول ؛ فليس من السهل على أي شخص أن يلزم نفسه ، ويزيد من حجج الآخرين عليه في قضية هو من يلزم نفسه بها .

وأكاد أجزم مئة في المئة – دون معرفة الغيب – أن كل شخص يطبق هذه العناصر سيعيش زخم الفن ، وطعم النجاح والإحساس بالإنسانية المطلقة عبر تطبيق أفضل ما يمكن الوصول إليه من قدرات إلهية وضعها الخالق في كلٍ منا .

الجزء الثاني: التعايش مع الفن: ثماني قناعات يعيشها كل فنان

١.٠ لا وجود للإلهام

‏- ستيفن كينج

عندما نتساءل جميعًا . . . كيف ظهرت فكرة هاري بوتر وكيف استمر إصدارها لعدة أجزاء متناولة في كل جزء نجاح يفوق الآخر؟ أو كيف تم رسم لوحة الموناليزا لتحصل على كل هذا الزخم؟

رواية الخيميائي لباولو كويلو؟

موقع أمازون؟

منتجات شركة آبل؟

أو أي مشروع أصبح ذو نجاح منقطع النظير.

أستوقفك لكي أسألك الآن، هل بالفعل كان للإلهام الدور الأكبر؟ في المقابل إن سألتك: كم شخصًا قابلته في حياتك يملك فكرة بمليون ريال مع وقف التنفيذ؟ أو كم شخصًا قابلته وقال لك إن لديه فكرة ستنجح بالتأكيد لو توفر له رأس المال؟

عندما تسأل كل فنان متميز عن سر الإلهام في عمله، ربما يقول لك بعض المؤثرات التي صاحبته ليصل إلى ما وصل إليه من إنجاز، لكنني أؤكد لك الآن أن الإلهام يُخلق مع العمل. يُخلق مع الشغف والرغبة الملحة لتحقيق الأحلام، ولا يُخلق عند استيقاظك من النوم لينجح في ذلك الصباح دون معطيات أخرى وظروف أوجدتها لتُحيي بها الفكرة بنجاح.

الانتظار سيكون طويلاً للوصول لأفضل الظروف التي تُنجز خلالها الأفكار، بل وسيطول ويطول مالم يصاحبه العمل المستمر.

في نظر الفنان: الإلهام حجة الهواة، لا حجة الناجحين؛ حتى وإن امتلك البعض منّا ذلك العقل الذي يخلق الإبداع.

الإلهام: هو مكافأة العمل والتفكير المتواصل. وهو ما يتقنه كل فنان عند اقتناعه بعدم وجوده نهائيًا في أصل النجاح.

تحولت سلسلة مطاعم ماكدونالدز حول العالم للأفضل ليس بسبب فكرة المشروع، بل لنجاح استراتيجية اختيار المواقع الأفضل لفروعها.

كما تحول موقع أمازون لأكبر مكتبة في العالم، بعد سنته العاشرة من أول كتاب تم بيعه في منتصف التسعينيات.

نعم . . . توجد الفكرة دائمًا ، وربما تتصارع مع عشرات الأفكار كل يوم في عقل كل إنسان ، ولن يصبح الإلهام ذو قيمة إن لم يترجم بعمل على أرض الواقع .

العمل . . . والإيمان ، والشغف . . . عندما يصاحب التفكير يصبح الإلهام إلهامًا ، على الأقل بالنسبة لكل مؤدٍ للعمل .

ليست الفكرة بل الالتزام بتنفيذها :

حكى لي أحد أصدقائي العاملين بإحدى أكبر شركات التجزئة في العالم عندما اجتمع بمدير الشركة ؛ ليعرض عليه أفكاره التي يرى أنها ستصنع نتائج ضخمة في حال تطبيقها على سياسة الشركة ، ليرد عليه المدير ببساطة :

«حسناً ... لا أمانع جودة هذه الأفكار العظيمة للشركة ، لكن أريد أن أؤكد لك أنها ستكون دون طعم أو رائحة في حال عدم قدرتك على تنفيذها كما شرحتها لي ، وعندها سألزم نفسي بمعاقبتك لعدم تنفيذ وعدك الذي وعدتني إياه في هذا الاجتماع » .

يرسم الرسام كل يوم في محاولة منه لخلق وصنع الإلهام الموجود في عقله ، كما يكتب الكاتب كل كلمة لنفس الغرض ، والملحن كذلك ، كما يستغرق المخترع سنوات طويلة محاولاً إثبات صحة النظرة التي تُلهمه والتي سيغير بها العالم .

ليست هناك طريقة واضحة للحصول على الإلهام في العمل كما يقول ستيفن بريسفيلد في كتابه «حرب الفن»، بل يرى أن ما على الفنان إلا أن يعمل يوميًا ليحصل على الإلهام.

ومع العمل المتواصل يحدث مع الفنان شيء غامض!

تبدأ الأفكار بالقدوم، ويبدأ العمل بتحريك نفسه، وكأن شخصًا آخر يجلس مكان الفنان الذي يعمل.

المحاولات هي التي تصنع الفرق دومًا، والمحاولات اليومية هي التي تصنع الفرق بإلزام الإلهام؛ ليأتي ويكتمل العمل.

مشكلة مؤد العمل أنه لم يجرب نفسه من قبل في وضعية انتظار الإلهام بل يؤدي َما هو مطلوب، ويبحث دومًا خارج نفسه عن الحلول والإلهام والنجاح. كيف تأتي الأفكار، والمشاريع والإلهامات للفنانين؟ لم تأت، ولن تأتي، طالما لم يتم المحاولة لجلبها (بالقوة) كل يوم، أؤكد لك ذلكَ.

٢.٠ الحب

«حتى إن لم أرَ تلك النتائج؛ فإحساس الحب
يكفيني»

بطبيعة الحال، ينتظر الفنان تلك الدقائق التي سينفرد بها مع فنه الذي يعيش من أجله، لن نرى أي إنجاز في هذا العالم دون حب صاحبه له، ولن نعيش ساعات التواصل الاجتماعي دون إخلاص وحب أصحابها لها وقت بنائها.

تخيل أن «جوني ديب» يعمل في إحدى محطات الإطفاء، تخيل دور طبيب أسنانك بدلاً من «آل باتشينو» في فيلم «العراب»! تخيل «مارادونا» أو «ميسي» في حلبة الملاكمة! هل اختاروا ما هم عليه لأن الظروف هي التي اختارتها؟ أم أنهم اكتشفوا ذلك الشغف والحب المخلص لما يؤدونه منذ صغرهم.

وحتى إن لم ينجح أي أحد منهم، هل من المعقول أن يرسم كل واحد منهم حياته التي لا يريد أن يَعيشها بنفسه؟

الحب هو المقياس الأول وليس النجاح .

لأن معظم الفنانين عاشوا مع حبهم الوحيد قبل أن ينجحوا، وعاش كل مؤدٍ للعمل حياة «سلبية» منتظرًا التقاعد في عمل لا يحبه .

الفن : هو صبر كل فنان على حبيبه إن جفا، هو العيش من أجل تلك القضية التي لا يتخيل أن يعيش دونها .

الحب يُترجم في إجابة كل شخص يحب فنه عندما يُسأل : ماذا كُنت تتخيل نفسك إن لم تكن فنان؟

ليجيب : لا أريد أن أتخيل .

أو ليرد بسؤاله : لماذا تعتقد أن عليّ أن أتخيل غير ذلك؟

عندما نتحدث عن الحب، نتحدث عن تلك الحالة التي يعاني فيها الفنان من الاكتئاب عند حضور الإجازات والأعياد كظرف يبعده عن معشوقته بل اقتنع تمامًا أن كل فنان يعيش حالة من التأمل أثناء عمله .

يقضي وورن بافيت أكثر من ست ساعات من أصل ثماني في القراءة (بين بيانات وأرقام الشركات والكتب) خلال يوم العمل . وكان بيل جيتس يهرب من بيته كل ليلة؛ ليعيش مع حواسيبه داخل الحرم الجامعي؛ حتى فُصل أخيرًا من الجامعة .

هل نحب أعمالنا حقاً؟:

تخيل معي الآن . . . ماذا لو لم يكن المال هو الهدف؟ كما كان يقول آلان ووتس، كيف ستكون حياتك؟ ماذا ستعمل؟ كيف ستقضي يومك؟

تخيل تلك الحياة . . . ودعنا نعد للواقع، لم لا نعمل بهدف الوصول لتلك الحياة التي لا يكون فيها للمال أو الماديات أي تأثير؟

وقتها . . . ووقتها فقط سنعيش حياتنا، كما عاش الفنانون في الماضي مع إنجازاتهم.

تأتي الأرباح لكثير من الروائيين بعد صدور الرواية الأولى بسنوات عديدة، وبالطبع لو لم يكن الحب هو المحرك، لكانوا جميعاً يعملون عند إحدى الشركات بأي وظيفة.

أن تُذكّر نفسك بالحب وسط العمل، وتحديداً وسط أتعس لحظات العمل (أحاول دوماً تذكير نفسي بحبي للكتابة، والأعمال التي أقوم بها، وخصوصاً أن الأعمال التي أعيش معها اليوم كانت من اختياري قبل أن تفرضها الظروف) هي التي ستُصبّرك على الإرهاق.

أعلم جيداً أن تلك اللحظات قد تُهدد راحتي في خوض حياة طبيعية كأي شخص عادي، وبكل أسف لا توجد طرق واضحة نلزم فيها أنفُسنا بحب شيء أو عمل ما تمامًا، كعدم إلزام أنفُسنا بحب أشخاص لا نُطيقهم، فقط أن نذكّر أنفسنا بضرورة أن نحب ما نعمل؛ لأننا وإن لم

نفعل ذلك سرعان ما نجد أنفسنا ابتعدنا خطوة عن الفن والحياة التي اخترناها .

عندما تركت وظيفتي واتجهت لعملي التجاري ، لم يكن الطريق مفروشًا بالورود بطبيعة الحال ، ولم تكن المهام والإنجازات سهلة ، بل أعتقد أن السهولة الممتنعة في التجارة الخاصة لا توجد في حياتنا الواقعية . كيف سأستمر إذًا إن لم يكن هناك قصة حب وإن كان معيارها يزيد وينقص مع الوقت؟

عندما تأتي تلك اللحظات التي أكاد فيها أشعر بالندم من تركي للوظيفة ، أعود لأذكر نفسي أنني اخترت هذا الطريق دون أي ضغوطات من أحد ، وأنني أحبه وسأحبه ولعلي أعمل فيه طيلة الوقت ما لم تلزمني ظروف أخرى خارجة عن الإرادة على تغيير المسار .

أجد أن إلزام عدد من الأشخاص حولنا ليذكرونا بحبنا لما نعمل ، خيار صحي لمتابعة العَمل . وأجد أيضًا أن الحب يجب أن يكون أحد المبادئ التي لا يمكن تغييرها في نقاش سريع ، و في إحدى الجلسات التي يستغلها من لا يملك المبادئ والأهداف المهمة في حياته ؛ ليؤثر سلبًا علينا .

قد يتأثر الحب بتأثرنا بأشخاص آخرين ، بل البعض منهم يؤثر علينا بإنجازاتهم التي أعلم في كثير من الأحيان أن احتفاظهم بالمبادئ هي التي أوصلتهم لما وصلوا إليه ، ولعل مبدأ الحب هو الأجدر بعدم المساس به .

«لا تُكلمني يا صديقي عن عملي لساعات طويلة في شيء أحبه؛ فليس هذا العمل مفتوحًا للنقاش، بل ربما من الأجدر لك أن تساعدني لتحقيقه بدلاً من أن تُغير مشاعري تجاهه».

٣. الروتين

«لن تستطيع تغيير حياتك ما لم تُغير شيئًا ما كنت تفعله كل يوم. السر في نجاحك الشخصي يختبئ داخل روتينك اليومي»

— زيج زيجلر

لعل من أصعب القرارات التي تقررها هي أن تقرر: أن تبدأ.

وبعد خطوة البداية يزداد الأمر تعقيدًا مع المزيد من الالتزام، وهنا يكمن دور الروتين في استقرار مخرجات قرار البداية. لا يوجد فنان ناجح دون روتين محدد وفق ضوابط إنتاجية محددة لكل يوم.

تكلم مارك مك- جانيس في كتاب «إبني يومًا بيوم في العمل» أن على الإنسان وضعَ حدود بين متطلبات الحياة وطموحاته الشخصية؛ فكلنا يملك التزامات أسرية، وفواتير يجب أن تدفع، وإيميلات يجب

الرد عليها . وتكمن كل الحلول في قرارات بسيطة إن اتخذها كل شخص في حياته سيصل لما يريد وهو:

– العمل الإبداعي قبل العمل المطلوب .

كل شيء في حياتك يجب عليه انتظارك إلا الأحلام تنتظر كل يوم أن تخطو خطوة إليها .

وأيًا كانت ظروفك ستكون تحت رحمة الآخرين ما لم تصنع يومك، وروتينك الخاص بالعمل، وبالطبع أن تلزم الجميع (ونفسك) به .

يستيقظ ستيفن كينج كل يوم ليبدأ عمله الساعة الثامنة صباحًا، يستمع لنفس الموسيقى، ويشرب نفس القهوة، ويجلس نفس الجلسة؛ ليقول لنفسه كل يوم: الآن ستبدأ حلمك . يكتب «إرنست هامينجواي» (الحائز على جائزة نوبل للآداب) كل يوم خمسمائة كلمة فقط لينهي بها يوم عمله (كل يوم دون توقف) .

يحدد معظم الفنانين مهامهم كل يوم قبل أن يبدأوا العمل، لتكون في طريقها لتكرار نفس جهد اليوم الذي سبقه، والذي سيتبعه بعد ذلك كل يوم .

الروتين يؤطر العقل والعمل، ويلزمك بتنفيذ ما يجب عليك تنفيذه دون مبالغات . يقضي الروتين على المفاجآت غير السارة، وعلى مهام اللحظات الأخيرة؛ حتى وإن كانت تواجهك منذ فترة، سيتمكن جميع

من حولك من الانسجام مع روتينك الشخصي؛ ليمرروا احتياجاتهم من خلالك .

عند إيمانك بأهمية الروتين ستتدرب على قول «لا» تقريبًا لكل شيء ، وستبعد العابثين عن أحلامك قدر المستطاع .

قال وودي آلين : «إن ثمانين بالمئة من النجاح ، يكون بالظهور للعمل» .

كيف ، أين ومتى هي أهم العناصر التي تجعل من أفكارك حقيقية .

«لا يمكنك الانتهاء من مشروع كامل خلال يوم واحد، لكن يمكنك الانتهاء من خطوات صغيرة مستمرة كل يوم تقودك لإنجاز المشروع»

- ديفيد آلن

وعند اعتماد وتحديد تلك الخطوات الصغيرة التي تقودك عند انتهائها للخطوات التالية سيمكنك من رؤية الإنجاز على حقيقته .

على المستوى الشخصي بالكاد أملك تلك القدرة على كتابة ثلاثة آلاف كلمة خلال اليوم في أفضل حالاتي ، لكن أذكر ذلك اليوم عند انتهائي من المقالة رقم «١٠٠» على مدونتي الخاصة ، وقتها وجدت فعالية الالتزام بالروتين -على الأقل فيما يخص الكتابة- وذلك

بتجاوزي حاجز الخمسين ألف كلمة (متوسط عدد كلمات كتاب كبير الحجم)، كنت قد كتبتها في أقل من عام واحد.

أسأل نفسي أحيانًا: كيف سيكون شعوري إن طُلب مني كتابة خمسين ألف كلمة خلال وقت قياسي؟ وكيف ستكون جودة ما كتبت؟ . . أحاول جاهدًا توثيق أفكاري اليومية عبر كتابتها في مدونتي على الإنترنت، ولن أنجح بتحقيق ذلك دون إلزام نفسي بكتابة جزء منها صباح كل يوم، وهذا ما أنا عليه الآن، أدرب نفسي على أن أكتبَ كل يوم مقالة واحدة (ربما مقالتين كل يوم في المستقبل) وآخذ فترة الراحة خلال إجازة نهاية الأسبوع خصوصًا بعد تأكدي من عدم رغبة الأغلبية في قراءة مقالاتي خلال إجازة نهاية الأسبوع.

أجد أن الالتزام بروتين محدد من أصعب التحديات التي يواجهها كل فنان، ولعل أسطورة «الواحد والعشرين» يومًا من إدخال العادات الجديدة تزيد من الأمر صعوبة. فالروتين لا يرتبط حقيقةً بيوم العمل، وإنما بجميع العادات التي تستوجب الحفاظ عليها في سبيل تحقيق النجاح عند كل فنان، عمومًا أؤمن أن صلابة الروتين والالتزام به ستصنع بعد فترة سلوك معاكس، ليجد الفرد نفسه في منطقة عدم الراحة عند كسره للروتين (نجد ذلك عند كبار السن عندما نطلب منهم تغيير أحد طقوسهم اليومية التي تعودوا عليها منذ سنوات عديدة).

«إسحاق أسيموف» كتب ونشر أكثر من أربعمئة كتاب خلال حياته العملية، وقد كان يستيقظ صباحًا، ويبدأ عمله في الكتابة من الساعة

السادسة وحتى الثانية عشرة ظهراً كل يوم لمدة أربعين سنة؛ حتى توفي عام ١٩٩٢م.

ودائماً ما كان يردد «بينجامين فرانكلين» أن النوم المبكر والاستيقاظ المبكر كل يوم يصنع من كل شخص رجلاً صحياً وغنياً وحكيماً.

يرتبط الروتين على الأغلب ببعض الالتزامات التي تبني حس الإنتاجية، ولعل أهمها وأصعبها هو الاستيقاظ المبكر. ويلتزم أغلبنا بدوام رسمي يبدأ عند الساعة الثامنة صباحاً إن افترضنا، وعندما نتوقف قليلاً لنعي وجود وقت لا يقل عن ثلاث ساعات يومياً قبل بداية دوامنا الرسمي وتحديداً من الساعة الخامسة صباحاً، سنتمكن بواقعية استثمار ذلك الوقت (الأعلى إنتاجية فكرياً وجسدياً) كل يوم خلال العام.

تخيل معي ثلاث ساعات يومياً قابلة للالتزام بها قبل الدوام (١٠٩٥ ساعة خلال العام)، يمكن أن نتعلم بها مهارة أو لغة جديدة، يمكن لنا أن نكتب فيها أو أن نرسم، أو حتى تأسيس مشروعنا الخاص؛ ليرى النور فيما بعد، بل سيكون لدينا الفرصة بأن نسرح ونمرح بقية اليوم بعد انتهاء الدوام وممارسة حياتنا الطبيعية، طبعاً مع اشتراط الإيمان بأهمية تحويل هذه الساعات؛ لتصبح روتيناً يومياً دون انقطاع.

الروتين اليومي، يجعل العمل والأفكار اليومية أكثر نضارة وغير قابلة للنسيان. وعندما نصنع يومنا بأنفسنا نلزم بذلك عقولنا أن تكون على أفضل معدلات الإنتاج دون توقف أو انقطاع.

ساعات الإبداع:

الروتين اليومي، إن طُبق بطريقة صحيحة يمكننا إلزام أنفسنا برفع معدل ساعات الإبداع الخاصة بنا، نستطيع البقاء مع أنفسنا لفترة أطول دون تدخل الآخرين في حياتنا، بل يمكن بها استثمار أفضل ما يمكن استثماره من نشاط عقولنا كل يوم.

وبذهابنا إلى العمل كل يوم، ثم قضاء التزامات الأسرة، ثم الذهاب للقاء بعض الأصدقاء سيخفف من حس الإبداع تدريجيًا، والسبب ببساطة انشغالنا وانشغال عقولنا في أعظم أوقاتها بالتزامات الغير قبل الالتزام بأحلامنا.

الإنسان والكمبيوتر:

لا نستطيع العمل طيلة اليوم بنفس الجهد المبذول، لسنا كأجهزة الكمبيوتر؛ فكلنا نملك بطارية داخلية تزيد وتنقص مع اختلاف الأوقات خلال اليوم، بينما تملك أجهزتنا المحمولة بطاريات يمكن شحنها خلال ساعات قليلة؛ لتكون تحت خدمتنا في أي وقت. إذًا كيف سنعيش حياتنا مع أفكارنا وإبداعنا إن لم يخصص لها المستوى الأعلى من جهدنا العقلي والجسماني خلال اليوم؟

. . . بالروتين وتخصيص الوقت.

الروتين والملل:

كلمة روتين لدى البعض تمثل الملل اليومي الذي يعيشونه .

لا أخفي حقيقةً أن ذلك الانطباع السلبي كنت أعيشه منذ سن مبكرة ، كنت أتخيل أن الروتين يتمثل بذهاب الموظفين كل يوم إلى العمل ، أو الاستيقاظ المبكر للبدء في يوم آخر من عمل ممل ، كنت أرى أن الروتين كلمة تمثل الجحيم بذاته ، ولعل هذا الانطباع السلبي اختفى الآن بعد أن علمت أن كل إنسان يمكن له أن يؤسس روتينه الخاص أيًا كان عمله أو دوره في هذه الحياة ، وتأكدت أن الروتين ليس مملاً بالضرورة إن كان مخصصًا للوصول إلى أحلامنا وباختيارنا لتفاصيله ، وهنا أتوقف عند مفهوم أن الروتين يجب أن يكون «روتيننا الخاص» ، وليس الروتين الذي اعتدنا سماعه أو معرفته من خلال الآخرين ، وليس بالطبع ذلك الروتين الذي خُطط لنا من خلال أشخاص آخرين .

آمنت بأن الروتين يُعد أهم عناصر النجاح دون غيره ، وبعد أن اطلعت على حياة الفنانين وعظماء التاريخ تأكدت أن ما عاشوه اقترن اقترانًا وثيقًا بوجود روتين يومي صلب يحكم حياتهم .

الروتين : أن أتحكم بحياتي . . طوال السنين الماضية ، لم يكن لدي أي روتين محدد ، خصوصاً بعد أن بدأت عملي الخاص مع عدم وجود رقيب أو حسيب فوق رأسي كل يوم . وأجزم اليوم أن عدم وجود الروتين سيترك حياتي عرضة لكل شيء ، بل أن صلابة الروتين والعمل اليومي سيكون صمام الآمان ضد أي عابث .

صدقني . . . . لم تكن أبداً حياتي العملية على ما يرام بسبب عدم وجود الروتين اليومي ، لأنها ببساطة أصبحت ملكاً لغيري أي اتصال مفاجئ مع دعوة للخروج ستكون أهم من العمل ، وربما أي التزامات ليست بتلك الأهمية ستكون في تلك اللحظات أهم من أي شيء آخر ، ولن تعمل حياتي إن استمرت على ما هي عليه .

– ديك تشيني

العمل المتواصل:

العمل المتواصل يُساهم في تجديد قدرات العقل كل يوم ، يجعل الأفكار تتواصل لتستمر ، يقتل الرتابة والنسيان . لا نستطيع تطبيق مفهوم العمل المتواصل دون وجود روتين واضح ومستمر . سألت في إحدى المناسبات الأستاذ عبده خال عن أهم أسباب النجاح في حياته العملية ككاتب ، وقد أجابني : «أن العمل المتواصل (دون توقف) يجعلك تعيش لحظات الزخم باستمرار» .

لا يمكن للإنسان ربط حبل أفكاره محاولاً جمع أعماله القديمة مع أعماله الحالية، ولا يمكن الحفاظ على مستوى العمل دون وجود حلقة وصل بينها، وبمجرد تخيل تلك الحالة التي نبدأ فيها مشروعًا ما أو عمل ما؛ لنتوقف ونعود إليه بعد فترة طويلة سيكون كفيلاً بعدم إكمال المشروع دون مبررات واضحة.

قرارات سهلة كل يوم:

سُئل باراك أوباما عن حرصه على ارتداء بدلة رصاصية وربطة عنق زرقاء كل يوم؟! وأجاب أنه يملك يوميًا عدة قرارات يجب أن يتخذها، ولا يريد أن يُدخل لباس اليوم ضمنها.

كثير من القرارات نعيشها يوميًا قد لا نعي مدى تأثيرها على حياتنا وعملنا إن كثُرت خياراتها!

وعندما نُقلل الكثير من الخيارات (غير المهمة) سنجد أن هناك الكثير من القرارات الأهم تشغل بالنا. وأجد أن الحرص على تطبيق روتين محدد بخيارات قليلة كل يوم سيقودنا لإنتاجية (ليست بالضرورة) أعلى.

نفس الثوب ... نفس نوعية الطعام كل يوم

ثم

نفس وقت التمارين الرياضية، ونفس توقيت النوم كل يوم

ثم

إلزام الجميع بعدم المجادلة في هذه القرارات الخاصة كل يوم .

هل تتوقع أنه سيكون هناك فرق ملحوظ في حياتنا بعد ذلك؟

الصحة / الروتين / الإنجاز:

لا يشترط الروتين عند معظم الفنانين حياة صحية بالمعنى الذي نعرفه ، بل إن الروتين لدى معظمهم ارتسم حول متطلبات وأوقات فنونهم وأعمالهم .

وأجد العكس تمامًا في حياتنا الشخصية ، بل ويهرب معظم الناس من الروتين قدر المُستطاع في رغبة منهم بعدم الشعور بأي ملل ، وهنا تأتي المشكلة الحقيقية بعدم رسم روتين حول ما نُحبه من الأساس ، وسأتناول هذا العنصر بشيء من التفصيل في الجزء القادم .

عندما يرتبط الروتين بعمل نحبه ، سيتحقق الإنجاز دون شك ، بل إن الشعور بالإنجاز وحده كفيل بتغيير الكثير من الأمور الأخرى خلال يوم العمل . يقودني شعور نشوة الإنجاز خلال اليوم أحيانًا لمحاولة أخرى تقودني نحو نفس الشعور ليوم غد ، فعندما أُنجز كتابة مقالة طويلة ، أو عمل منهك أتحمس محاولاً إبقاء هذا الزخم وشعور الإنجاز العظيم ؛ فأجد نفسي أمشي لمسافات طويلة بعد الانتهاء ، أو أقرأ كتابًا ما لفترة طويلة !

الإنجاز وحده لا يكفي بالطبع لخلق روتين طويل الأمد، لكنني أعلم أن الروتين والإنجاز عمومًا مرتبطان بشكل كبير، وقد لا تتحقق الكثير من الأمور والأمنيات إن لم يحدد لها وقتها وروتينها اليومي الذي سينشغل فيه الإنسان بإنجاز شيء ما!

لا تنهي اليوم قبل أن تربطه بالغد.

تحدث دونالد ترامب في كتابه «فكر بشكل كبير» (عندما كان متفرغاً لأعماله قبل رئاسته للولايات المتحدة) أن الحفاظ على الزخم والاستمرارية على نفس الطاقة كل يوم يُعد أحد أهم أسباب النجاح في حياته، ولعل الإجازات الطويلة والانقطاعات المستمرة عن العمل قد تساهم بشكل كبير بطرد الزخم والاستعدادية المُستمرة للعمل.

اقتراح تود هينري في كتابه «مُت فارغًا» خطوة بسيطة وفعالة؛ للحفاظ على الزخم والاستعدادية المستمرة في العمل، وهي بعدم إنهاء يوم العمل دون التخطيط للبدء غداً بما تم الانتهاء منه اليوم.

أجد أن هذا الأسلوب يلغي الرتابة بشكل جذري بل ويساعد على شحن الحماس للعمل في اليوم التالي. تكمن كل المشكلة أن عدم وجود روتين محدد بأوقات محددة للعمل قد تقضي على هذه الفكرة، وستزداد الأمور تعقيداً إن زادت المسؤوليات وتداخلت الأمور العملية والأسرية أو الدراسية، وغيرها مع العمل.

وبتحديد خريطة وجدول أعمال الغد تستطيع أن تعلم مبدئيًا كيف ستبدأ يومك وكيف ستنهيه، وقد يساعد ذلك كثيرًا تسهيل الارتباط بالأمور الأخرى خارج أوقات العمل في الالتزام بالتنظيم المستمر.

- جيم رون

التخطيط هو جلب المستقبل للآن وفي هذه اللحظة لتعلم ماذا ستفعل به.

بطبيعة الحال، قد يواجه أي شخص ظروف ما خلال يومه تمنعه من إنجاز ما تم التخطيط له، لكنني أجد في المقابل أن التخطيط المستمر مع المحافظة على روتين صلب لأقصى فترة ممكنة سيقلل من هذه الاحتمالات.

الروتين يصقل مهارة التخطيط، ويلزم الشخص داخليًا بضرورة الالتزام؛ حتى وإن لم يتم الالتزام بشكل كبير منذ البداية، وأعلم أيضًا أن الروتين يُكمل شعلة الحماس كلما طال الالتزام به، وحتى في وجود الإجازات والأعياد يقضي معظم الفنانين جزءًا مهمًا من وقتهم في إكمال صناعة فنونهم دون توقف.

بل حتى وإن توقف العمل بشكل فيزيائي تستمر عقولهم بالعمل بشكل كبير تضامنًا مع الروتين الذي يسبق الإجازة، وغالبًا ما تُشكل الإجازات مصدر الإلهام الكبير وراحة أكبر لحياة الفنان، ولا أبالغ إن قُلت إن الفنانين يذهبون للإجازات بحثًا عن عمل، فرصة، أو إلهام جديد ليضموه في روتينهم المُعتاد.

٤. الغزارة (١٠،٠٠٠ ساعة)

تحدث الكاتب المعروف مالكلوم جلادويل في كتابه «الخارقون» عن مفهوم العشرة آلاف ساعة عمل، والتي تناول من خلالها تلك الإنجازات غير المسبوقة لبعض أهم المشاهير خلال العقود الماضية، وحقيقة السبب وراء إنجازاتهم الاستثنائية (الخارقة).

عشرة آلاف ساعة عمل هي التي قضاها بيل جيتس في أمور البرمجة مقارنة مع أقرانه من الطلاب قبل أن يُفصل من جامعته التي كان يدرس بها. وهنا أضاف البعض حول هذا الأمر أن طالب البرمجة خلال تلك الفترة كان يتخرج بمعدل يقل عن ألفين ساعة برمجة عند حصوله على شهادة البكالوريوس (٢٠٪ تقريبًا من ساعات عمل بيل جيتس).

خروج بيل جيتس من الجامعة لا يُعد السبب الحقيقي وراء نجاحه الاستثنائي كما يعتقد البعض، بل إن حجم العمل والمثابرة المستمرة خلال سنوات قليلة كانت السبب الحقيقي وراء النتائج التي خرجت به إلى ما وصل إليه بعد ذلك. كان يقضي معظم يومه في معمل الجامعة حتى ساعات متأخرة من الليل، يذهب إلى بيته ليرتاح بعض الوقت، ثم

يعود ليقفز من فوق سور الجامعة آخر الليل مرة أخرى إلى المعمل، كان هذا نمط حياته التي أنجز من خلالها عشرة آلاف ساعة عمل.

فرقة البيتلز كانت تعزف يوميًا في أحد النوادي في ألمانيا لمدة سبعة ساعات طيلة أيام الأسبوع (متضمنة إجازة نهاية الأسبوع) على مدار سنوات عديدة متتالية منتهين بذلك من مهمة «العشرة آلاف ساعة» قبل ظهورهم إلى العلن؛ ليسجلوا أسماءهم على صفحات التاريخ والشهرة في فترة السبعينيات.

الغزارة والجودة:

يختلف مفهوم الجودة عند الفنانين؛ فعادةً ما نقارن مخرجات الجودة مع الكثرة (Quality vs . Quantity) عند قياس أي إنتاجية.

ولعل التحدي الأكبر خصوصًا عند الأعمال الإبداعية لأنها لا تتمتع بمقياس محدد عند النجاح بالنسبة لمستقبليه؛ فليس بالضرورة أن أُعجب بلوحة ما أو فكرة مشروع ما بمجرد إنجازها، وهنا أجزم أن غزارة الإنتاج لدى معظم الفنانين والناجحين تُصقل لتكون باتجاه الجودة المطلوبة والمتوقع منها مع الزمن؛ لتقود الغزارة جودة الإنتاج في نهاية الأمر.

لنأخذ على سبيل المثال فن الكتابة؛ فليس من المعقول أن تكون جودة المقالة الأولى للكاتب كجودة المقالة الألف، وليست اللوحة المرسومة الأولى كاللوحة رقم ألف، مثلها مثل أي مشروع أو فن

آخر. وعندما نسترجع بدايات الفنانين نلاحظ ذلك الفرق الشاسع بين الأداء الحالي وبين البدايات المتواضعة لهم.

الغزارة والخوف:

يظل عائق الخوف هو الأكبر ضد بداية أي إنتاج أو فن جديد، وتجد غالبية الناس تستسلم عند المرحلة الأولى لفنهم أو مشروعهم قبل الظهور إلى العلن، مما يمنعهم من ممارسة فنهم الذي يحبونه، وبالتالي انتقالهم لأشخاص مؤدين للعمل.

بطبيعة الحال غزارة الإنتاج لن تأتي قبل التغلب على المخاوف من مواجهة الجمهور بالفن أولاً، أو حتى مواجهة الفئة المقربة من الأصدقاء والعائلة. وهنا نجد أن ممارسة الفن للوصول للغزارة التي تقودنا للجودة تتطلب بعض التضحيات قبل الوصول لنجاح منقطع النظير.

1. التغلب على الخوف ---< بداية ممارسة الفن.

2. تقبل الانتقاد ---< الاستمرارية في الممارسة.

3. الوصول لعشرة آلاف ساعة عمل ---< الاحترافية/ النجاح.

فحتى نُطبق هذا المفهوم أجزم أن التحدي الأكبر يكون بالتعايش مع ردود الفعل أكثر من وهم تصديقنا لأنفسنا؛ فليس من الطبيعي أن تبدأ مشروعك في العمل دون انتقاد من زملائك لك، وليس من الطبيعي أبداً أن تُلحن أو ترسم أو تبدأ شركتك الأولى لتتوج بنجاح حقيقي قبل المرور

بعدة خطوات قبلها (إلا في بعض الحالات الاستثنائية بالطبع)، لعل عشرة آلاف ساعة هي النظرية المقترحة والموجودة الآن؛ لنصل إلى الاحترافية التامة، لكن التغلب على الخوف من المواجهة يُعد التحدي الأكبر في نظري.

«أشعر أن عشرة آلاف ساعة ... كعشرة آلاف أيادٍ ... تحملني»

«لا أعلم إن كُنت قد نجحت بالفعل، لكنني أعلم أنني في كل يوم أغني أشعر أنني اقتربت خطوة من العشرة آلاف ساعة»

- مالكمور (من أغنية عشرة آلاف ساعة)

الممارسة المستمرة، والعمل المتواصل، وغزارة الإنتاج ستغطي على الكثير من العيوب؛ ولأن الإتقان لا يصل إلا بالتدريب وقتها فقط، ربما سنصل إلى النجاح.

تعلم أي شيء في عشرين ساعة:

أبدع الكاتب جوش كوفمان عندما تناول موضوعه الشيق تعلم أي شيء في عشرين ساعة من خلال كتابه (أول عشرين ساعة)، ومن خلال عرضه على أحد مسارح تيديكس؛ ليثبت للعالم أن أي شخص يمكنه تعلم أي فن أو لغة أو مهارة جديدة خلال عشرين ساعة عمل فقط، وأضاف أن العوائق للتعلم هي على الأغلب عوائق عاطفية لا أكثر.

لا يعني التعلم أو إتقان الاحترافية التامة بالضرورة؛ فقد مارس جوش في فقرته على تيديكس عزفه لإحدى الآلات الموسيقية بكل براعة، كان قد تدرب عليها لمدة عشرين ساعة قبل شهر من عرضه للفكرة أمام جمهور تيديكس، وحسب وصفه فقد خصص يوميًا خمس وأربعين دقيقة؛ للتعلم والتدرب على الآلة على مدار شهر واحد فقط؛ حتى تمكن أخيرًا من الوصول لمستوى إتقان جيد للغاية كبداية طريق لحرفة جديدة في حياته.

وهنا حتى إن كان البعض منا لا يملك بالفعل أي مهارة أو فكرة جديدة ليتعايش مع فنه، قد يكتفي بالسير وراء حدسه الذي قد يخفي الكثير من الحب اتجاه فن أو مبادرة ما لم يجربها من قبل. وحتى إن أراد المضي قُدمًا في أي فن أو مشروع جديد بالنسبة له، سنعود مرة أخرى للتطرق لمعادلة الخوف التي يجب أن يجتازها كل واحد منّا.

عندما نأخذ في الاعتبار ونضع في بالنا عدد الساعات «العشرين» للتعلم والإتقان لنستهدف بعدها العشرة آلاف ساعة للاحترافية وقتها فقط ستقودنا الحياة لخلق روتين وهدف محدد نحقق من خلاله أحلامنا التي نسعى لتحقيقها منذ زمن ، وبذلك سنعلم كيف سيُصرف الجهد والوقت لممارسة الفن والتدرب على النجاح .

الغزارة تقودنا إلى التعلم ثم إلى الإتقان (مع التغلب على الخوف) ، لننتهي إلى الاحترافية وبالتأكيد مرحلة النجاح ستكون بالانتظار .

غزارة الإنتاج تكشف العيوب لنستطيع تغطيتها فيما بعد ، وتعلمنا باستمرار مهارة جديدة تؤكد أننا نستمر على طريق تطوير الذات .

غزارة الإنتاج تقضي على الكسل ، وتُذكرنا أن من الواجب أن نعمل طيلة الوقت ، بل وربما تُفيدنا أكثر عندما نجد آلية معينة يمكن من خلالها الحصول على آراء أشخاص مُقربين قبل العامة من الناس .

غزارة الإنتاج هي التي تحدد الفرق بين المُبتدئ والمحترف ، وتحدد الفرق أيضًا بين من سمع وبين من قضى وقتًا طويلاً في التدريب والإنتاج ، لا يمكن أن نكتشف أنفُسنا دون أن نجرب ، ولا يمكن أن نتطور

دون الاستمرار في التجربة ، وستُصبح التجربة والغزارة مصدر تعطش كبير في محاولة لإتقان العمل .

عندما أُقارن اليوم مقالتي الأولى التي كتبتها ، مع مقالتي رقم مئتين أعرف مدى أهمية الغزارة في الإنتاج . الغزارة في الإنتاج تُعطيك المزيد ولا تُنقص من مخزونك ؛ لأن كل إنتاج جديد سيتفادى العيوب والسخافات القديمة . جرب أن تطلع على حياة أي فنان ، رجل أعمال ، أو أي شخص تضعه ضمن خانة المُلهمين لك ، واختبر دور غزارة الإنتاج في حياته ، أو جرب أن تقيس أي عمل قد قُمت به في حياتك لفترة طويلة مع اليوم الأول ! شئت أم أبيت ؛ فالغزارة ستضعك في خانة الخُبراء بعد فترة في أي مجال ، وستقود الآخرين للتعلم منك ومن بداياتك وأخطائك ، وستشعرك داخليًا أنك شخص كريم . كريم على نفسك بجهودك ، وكريم مع الآخرين بتجاربك .

غزارة الإنتاج تُقلل الوقت الضائع:

لأنك ستعمل على الأهم ثم المهم ، ستقودك نحو عنق الزجاجة في العمل ، وستقلل الوقت الضائع بتجنب الأخطاء ؛ لتزيد من سرعة الإنجاز . والأهم والأصعب أنها ستزيد سقف التوقعات تجاهك من الآخرين ، ومنك اتجاه نفسك . أجزم أن إسحاق آسيموف لم يكن سيصل لكتابة أربعمائة كتاب إن لم يعي مفهوم الغزارة منذ بداياته ؛ ليطور نفسه كل يوم ؛ حتى يصل إلى ما وصل إليه .

٥. تسعة من عشر محاولات تفشل

سمعت أحدهم يقول لي ذات يوم: «تقرأ عشرة كُتب، لِيُضيف تسعة منها لعقلك بعض المعرفة، ويغير الكتاب العاشر حياتك بشكل جذري».

نتعرف على عشرة أصدقاء جدد يغير واحد منهم حياتنا؛ ليكون البقية ضمن قائمة الأصدقاء. نؤسس عشر شركات تفشل تسع وتنجح العاشرة. تسعة من عشر محاولات تفشل، لعلها سنة كونية تستحق الانتباه، ولعل أي تسع محاولات في أي مجال من قبل أي فرد قد تغير حياة الكثيرين، لكن ليس بالضرورة أن تكون حياتك أنت. رسم بيكاسو أكثر من ثلاثة آلاف لوحة لم تنجح كلها، وكتب ستيفن كينج أكثر من مئة وستين عملاً خلال مسيرته ليحصل فيلم «سجن شاوشنك» على على عدة جوائز أوسكار مكافأةً لجهوده بعد طيلة العقود الماضية من العمل.

«أسـمـع دائـمًـا مـن النـاس أن تـسـعـة مـن عـشـر شركات تفشل، وأُجيب أنني لا أمانع من تأسيس تـسـع شركات ستفشل بغرض الوصول للنجاح»

- روبرت كيوساكي

تسعة من عشر محاولات ستفشل: قناعة إن وعينّا وعملنا عليها ستساعدنا على تجنب أية منغصات حياتية من قِبل الغير؛ فإننا نعرف نتيجة المحاولات التسعة الأولى مسبقًا!

أعلم أنني عندما أكتب مقالاتي اليومية سأساهم في تغيير حياة أحد ما، وإن كُنت أعلم في المقابل يقينًا أن معظمها لن يغير حياة الكثيرين (أو ربما لن يقرأها أحد)، لكن أجد أن الدافع الوحيد نحو الاستمرارية هو الوصول لتغيير أكبر عدد ممكن من الناس.

وهنا أجد أن الرغبة المُلحة للوصول إلى تلك المجموعة الناجحة من الأعمال تتطلب ممارسة الفن بشكل مكثف ومتواصل؛ حتى نستخرج من جعبتنا العشرات منها، لنضع بصمتنا في التاريخ في مقابل المئات التي ستُهمل بكل تأكيد. لا أجد أن هناك مشكلة حقيقية إن علمنا أن تسعة من عشر محاولات ستفشل؛ فإحساس الحب سيكفي. نعم، الشعور بالحب نحو فنوننا أفضل بكثير من أن نعيش تحت رحمة ظروف لا نريدها

لأنفسنا، أو تحت إدارة شخص أحمق، بل وأفضل من أن يمضي بنا العمر، ونحن لا نعلم إن كنا نعيش أحد فنون الحياة بأهدافها.

ينطبق هذا المفهوم تقريبًا على كل شيء في الحياة ليس فقط الفن والفنانين، وإلا لما وجد ترتيب محدد للأوائل في كل شيء؛ فالمشاريع والمنتجات والمدارس، وحتى سوق الأسهم يخضع دون شك للاستسلام أمام فوز أحدهم.

إن كانت كل المحاولات ستنجح منذ البداية سيكون هناك دون شك خلل ما، أين ستكون خانة التميز والفشل؟ أين سيكون المجتهد والكسول؟ أعلم أن كل المحاولات ستقربني من النجاح، بل ربما يطول الأمر بتنفيذ عشرين محاولة؛ لننتهي بمحاولتين تُشعل العالم من نجاحها.

المحاولات في الخفاء:

تقول تويلا ثارب (أشهر مصممة رقصات عالمية): «أُحرج نفسي في خصوصيتي عندما أتمرن، لأخرج بأفضل ما أملك أمام الجمهور».

وقد ذكرت أيضًا أن التمرين والاستمرار في المحاولة لن يصل بنا إلى نتيجة طالما لم يُتوج بتمارين صحيحة، فليس كل تمرين صحيح بالضرورة!

٦. الاستلام والتسليم

«إن أردت أن تكون كاتبًا ناجحًا عليك أن تقرأ كثيراً وتكتب كثيراً ... لا أعرف طريقًا مختصرًا غير ذلك (...) إذا لم يكن لديك الوقت لتقرأ؛ فليس لديك الوقت (أو الأدوات) لتكتب ببساطة»

«لستُ سريعاً في القراءة، لكنني أقرأ ستين كتابًا تقريباً خلال العام معظمها روايات، وشكراً لثورة الكتب الصوتية التي سهلت هذه المهمة عليّ أيضًا، وفي الحقيقة أجد قراءة الكُتب السيئة تفيدني أكثر من الكُتب الجيدة؛ فعندما أنتهي منها أقول لنفسي: تستطيع أن تكتب أفضل من ذلك»

‏-ستيفن كينج

نحتاج أن نطلع على السوق وحالة المنافسين إن كنا نريد حقًّا أن ننافس، ونحتاج أن نتعرف على أخطائنا من خلال أخطاء الغير، بل نحتاج دومًا لأفكار جديدة نغذي بها عقولنا عندما نعيش أي نوع من الفنون، ولن يكون ذلك دون تطبيق مبدأ الاستلام والتسليم.

حكى لي صديقي العزيز الملحن المعروف ممدوح سيف عندما كان يحاول أن يتقن عزف فن الجاز في بداياته، أن أول شرط وضعه له معلمه آن ذاك: «استمع لأغاني الجاز خلال هذه الفترة على قدر ما تستطيع».

وبطبيعة الحال لا يمكن أن نكتشف أو نطور أي خانة في حياتنا بشكل سريع دون أن نكتشف ما فعله الآخرون قبلنا. وكان أحد أصدقائي الناجحون دومًا يقول لي: «لا تعد اختراع العجلة من جديد!»

ولعه كان لا يُبالغ بتكرارها كثيراً عليَّ.

مبدأ الاستلام والتسليم في الفن يساعد دون شك على الارتقاء بمستوى الأداء لكل فنان؛ فالفن الجيد يحفز كثيراً لصناعة فن مماثل، والفن السيئ يساعد على تجنب الأخطاء وبالطبع يحفز على خلق فن أفضل. لا يوجد عمل ما أو مهارة ما لا يمكن تطبيق هذه القاعدة عليها؛ فبمجرد الاطلاع على عمل بعض زملاء العمل مثلاً. مع الإكثار من الأسئلة الفضولية ستقودنا لتحقيق تطور ملحوظ دون شك، وكلما زاد المعيار زاد الوعي؛ حتى اللغات الأخرى لا يمكن إتقانها دون كسر حاجز الخجل بالتواصل مع أصحابها ومحاولة التحدث معهم؛

لنسلمهم بعض الجمل الركيكة ونستلم منهم بعض التصحيح مع الوقت.

الاستلام والتسليم يضمن بقاءنا على الخط الصحيح، يُساهم في معرفة العوالم الأخرى، ويكسر احتمالية النسيان. الاستلام والتسليم هو أن تشاهد لوحات كثيرة وتحضر معارض عديدة خلال العام إن كُنت تريد أن تصبح أحد الرسامين الناجحين، وأن تعمل في مجال الاستثمار مصاحبًا كبار الزبائن والسماسرة إن كُنت تريد أن تتعلم آليات وخبايا الاستثمار.

الاستلام والتسليم: هو أن تُلزم نفسك بالتعلم حتى وإن أصابك الملل، أن تعيش زخم الفنون بالهرب من الرتابة. كيف سنتعلم أسرار المهنة إن كُنا نرفض استقبال علمها؟

٧. المقاومة

أن ترى شيطانك | هل رأيته من قبل؟:

لا يأتيك شيطان في العمل ويقول لك لن تستطيع إنجاز عملك، أو البدء في مشروعك، أو الانتهاء من كتابك الذي لم تكتبه بعد، لا ... لا ... بل يأتيك في عدة صور (كما رأيته).

يأتيك في قنوات التواصل الاجتماعي؛ ليصور لك أهميتها عن العمل.

يقنعك بأعمالك المستعجلة عوضًا عن الأكثر أهمية.

يأتيني دومًا ليخبرني بأنني مازلت شابًا، ويجب عليّ أن أعيش حياتي كما هي دون الحرص على الإنجازات السريعة والكبيرة.

يأتيني وقت استلام الراتب مصورًا بعدة أشكال (جهاز جديد، مطعم جديد أو ملابس جديدة) ليقول لي إنه هنا، ودعك من مفهوم الاستثمار والادخار والمستقبل.

أراه كل يوم ، أراه يتشكل أحيانًا على شكل دقائق نوم إضافية ، أو مأكولات غير صحية .

أراه في مرض مزيف يُبعدني عن المكتب ، وقد رأيته كثيرًا في شكل عروض تسويقية لفنادق خارج البلد .

لا يتمثل شيطاني في صورة أصدقائي المقربين أبدًا ، بل يبحث عن بعض الفراغات في كلامهم ؛ ليذوب داخلها ويقودني للمزيد من الترفيه .

يعشق ساعات الراحة ، وينجز الكثير فيها . يكره الصباح الباكر ، ويقنعني بضرورة السهر كل يوم .

ورغم ذلك ، أجده سهل المنافسة ؛ فقد تغلبت عليه بعض المرات عندما قررت فقط التغلب عليه .

بل تكمن كل الصعوبة بالاستمرار في التغلب عليه كل يوم .

والأهم من ذلك كله ... أنني رأيته فقط !

أبدع «ستيفن بريسفيدل» عندما تحدث عن المقاومة في كتابه «حرب الفن» وعن الانتصار الداخلي لدى الإنسان مع نفسه في سبيل النجاح مع الإبداع ، وقد أقنعني بكل صراحة بمفهوم جديد وغريب ، وهو أن كل النجاحات والإنجازات الفردية الموجودة تتمثل في «المقاومة» فقط .

ترجم ذلك لعدة مقاومات : كالحروب الشخصية التي يخوضها المبدع مع بعض شهواته اليومية الموجودة في حياته العادية ، مثل مشاهدة

التلفاز، الخروج مع الأصدقاء، التواجد على مواقع التواصل الاجتماعي، الخ. وأن المقاومة قد لا تكون بالضرورة أيضًا مقاومة رغبات، وإنما قد تتحول لمقاومة ومواجهة بعض المشاعر السلبية كالخوف من الفشل والخوف من آراء الآخرين، وأحياناً الخوف من النجاح نفسه. مع تأكيده الشديد أن المقاومة تصنع الإبداع دائمًا.

عند التزامك بالاستيقاظ، ومحاولة الرسم أو الكتابة أو العزف بشكل يومي منتظم لفترة طويلة سوف تتقن فنك؛ لتكون المقاومة بعد ذلك هي خليق الإبداع.

الجدير بالذكر أن بريسفيلد اشتهر بعد أكثر من عشرة سنوات منذ بداية تأليفه لأول روايتين، ليسلك بعد ذلك طريقًا جديد في الكتابة، ويلهم معجبيه بكتابيه الصغيرين «حرب الفن» و«اعمل» متناولاً أسباب نجاحه في كتاباته وأعماله السابقة، والتي لم أتفاجأ بأن معظم خباياها قد تناول وبشكل مكثف «المقاومة»، وخصوصاً بعد مرور تلك السنين ليرى ثمرة مقاومته للفشل.

أن تقاوم . . .

مقاومة المخاوف

مقاومة الأفراد السلبيين

مقاومة مشاهدة التلفاز

مقاومة النوم الزائد عن الحاجة

مقاومة التغريدات ، ومراقبة البريد الإلكتروني كل دقيقة

يعد ستيفن بريسفيلد الأب الروحي لهذا المفهوم ، «أخبرني كيف خطرت لبالك فكرة المقاومة؟ كيف أطبقها وأعيشها؟» كانت أحد أهم تساؤلات أوبرا وينفري عندما التقت به ، يتحدث دومًا عن المقاومات بزاوية طريفة أذكر منها :

«الهواة يغردون، والمحترفون يعملون»

«إن الـفـرق بـين الـهـواة والمـحـتـرفين يـكـمـن يِّ عاداتهم اليومية؛ فالهواة يملكون عادات الهواة، والمحترفين يملكون عادات المحترفين، ولا يمكننا التخلص أبداً من أي عادات، لكن بالطبع لدينا القدرة على استبدالها»

ولا أخفي في الحقيقة أن مفهوم مقاومة المغريات قد جذبني كثيرًا عندما اطلعت على سيرة معظم الفنانين ، ولعل أسهل وأضمن طريقة تضمن إتقان فن المقاومة في المداوْمة على استخدام كلمة «لا» .

فكما يذكر رجل الأعمال وورن بافيت :

«إن الناجحين هم من يقولون لا تقريبًا لكل شيء» .

وأهم أشكال المقاومة هي في استبدال ما لا ينفع بما ينفع! كاستبدال ألعاب الفيديو بالقراءة، والبلوت بالرياضة، ورفقاء السوء بجلساء العلم. كذلك الفنون بأن تغطي المشاعر السلبية برغبة النجاح، وأن تقضي المزيد من الوقت في التعلم عوضًا عن الترفيه، وأن تعيش لتصنع فنًا مميزًا بدلاً من التغني به في الجلسات العامة.

نشتهر نحن كمجتمع عربي بحبنا في التنظير المستمر مع استخدام وتنميق الكلمات دون العمل بها على أكمل وجه، وأجد أنا بذلك نسير عكس تيار المقاومة؛ فنبتعد كل يوم خطوة عن العيش مع فنوننا التي ربما قد خُلقنا من أجلها دون أن نعلم.

كثيرًا ما حاول المقربون من الكاتبة الشهيرة إليزابيث جيلبرت بإدخال الشك فيها بعدم نجاح كتاباتها القادمة، بعد تأليفها لكتاب «أكل صلاة حب» متخوفين من عدم قدرتها على تأليف كتاب مماثل في النجاح والصيت. وقد تحدثت في أحد لقاءات تيديكس عن هذه القصة شارحة تخوفها في البداية من هذه الأفكار، ولكن سرعان ما عاشت مفهوم المقاومة لتتغلب على نفسها قبل أن تثبت للجميع أنها ستستمر في هذا الفن الذي اختارته لنفسها.

«كُنت كاتبة قبل كتاب (أكل، صلاة، حب) وسأكون كذلك بعده، هذا ما اخترته لنفسي». وأضافت: «الإبداع لا يهتم أبدًا بالنتائج، بل ما يهم حقيقةً هو الطريق إليه، تعلم أن تحب ذلك الطريق، ودع ما سيحصل يحصل ولا تجادل، اعمل كرجل متدين أو كبغل، استعر تمثيل

الاجتهاد، أحب عملك، والقدر سيعطيك ما يعطيك وما هو مكتوب لك».

ستة وستين يومًا من المقاومة:

تحدث كثيرًا روبن شارما أحد رواد تطوير الذات عن مفهوم كسب المقاومة بطريقة مختلفة، ويؤمن أن الإنسان يحتاج لستة وستين يومًا متواصلة للتغلب على أي مقاومة داخلية.

ستة وستون يومًا من الاستيقاظ المبكر (دون غش) سيصنع في الإنسان إحساسًا لا شعوريًا بضرورة الاستيقاظ المبكر في الأيام التالية، مثلها مثل أي عادات أو طقوس أُخرى.

ولو أن غالبية المفاهيم حول كسب عادات جديدة مفيدة، والتغلب على المقاومات الداخلية تتحدث عن واحد وعشرون يومًا، إلا أن مفهوم عدد «٦٦» يومًا قد يكون أقرب تحقيق للتغلب على المقاومة بشكل نهائي، آخذين بعين الاعتبار حجم المقاومة ونوعها، أو العادة والسلوك الجديد الذي نحرص على إتقانه، كما أكد ذلك جيريمي دين في كتابه «صنع العادات وكسر عادات»

على سبيل المثال: لا يمكن التأكد من مقاومة الالتزام بغذاء صحي ١٠٠٪ بعد الأسبوع الأول من التطبيق!

على عكس سهولة الالتزام بشرب كأس ماء فور الاستيقاظ صباحًا، والتي قد تحتاج لجهد ووقت أقل من ستة وستين يومًا؛ لتصبح هذه العادة خارج إطار المقاومة.

بل إن المُقلع عن التدخين قد يواجه بعض التهديد حتى بعد مرور أكثر من ستة وستين يومًا لو لم يحافظ على مستوى أعلى من المقاومة الداخلية لكبح جماح رغبة التدخين.

المقاومة سلوك يُكتسب ولن يأتي مباشرة للشخص، ولعل استيعابنا لمفهوم المقاومة وضرورة وجودها؛ لنصبح فنانين في أعمالنا وحياتنا يُعد نصف الطريق لتحقيق ذلك.

وأعلم يقينًا أن المقاومة المُستمرة تقودنا لتحقيق مفهومًا آخرًا وهو «قليل دائم خير من كثير منقطع»، وعندما نتقن عددًا أكبر من المقاومات اليومية؛ فإننا بذلك نقترب خطوات أكبر نحو إنتاجية واضحة ونجاح مرسوم بإذن الله.

أن تقاوم يوميًا من أجل القراءة:

آخذ هنا أحد أهم المقاومات التي تعودت استماعها، حول تربية عادة القراءة:

لا يوجد وقت للقراءة

لا أحب القراءة ... عليَّ أن أقرأ كُتب الدراسة أولاً!

أنا إنسان سمعي ولستُ بصري .

وغيرها الكثير من الحُجج التي نستمع لها دومًا من الأشخاص غير القارئين عندما نتحدث عن عادة القراءة . وفي ناحية أخرى ، وإن كانت هناك بالضرورة حاجة رئيسية تقود الأشخاص لإضافة هذه العادة المهمة ؛ فالبعض يقرأ للمتعة فقط ، والبعض يقرأ للبحث عن معلومة ما ، وآخرين بالطبع يقرأون بهدف تثقيف الذات لمجرد التثقيف ، أجد أن مقاومة الأمور الأقل جهدًا والتي تنعكس سلبًا على الشخص أولى بها أن توجه نحو القراءة ، كعدم مشاهدة التلفاز أو قراءة الصحف ؛ ليتم استبدالها بقراءة الكُتب .

«أنت تقرأ ... تقرأ رسائل الجوال كل يوم، وتقرأ تعليقات مواقع التواصل الاجتماعي كل لحظة، لا تحتاج إلا إلى القليل من الترشيد نحو ما تقرأ»

- عبد المجيد تمراز

أن تُقاوم . . . هو أن تتغلب على شيطانك ، وتهزم الملل والرتابة المصطنعة ، والأهم أن تهزم الملهيات بكل أشكالها مقابل أن تصنع فنك الذي تريده حقًا لنفسك . لا يريد أحد منّا أن يمضي به العمر ، وهو يقضي معظم وقته أمام شاشة الجوال يراجع «تايم- لاين» لحسابه في

تويتر، دون أن يصنع فنًّا وأحلامًا مميزة يعيش بها . ولا يريد أي أحد منّا أن يشعر بالذنب بعد أن يصل لمقتبل العمر؛ ليراجع ماضيه ويجده بين دفة المقاهي والأصدقاء، وقد ابتعد عدة خطوات عن أحلامه وفنونه .

أن تقاوم لتشعر بالرضا ... لاحقًا

بل ومنتهى الرضا!

«ألم الدراسة لحظة ... وألم عدمها يبقى طيلة العمر»

- جامعة هارفرد

ذكر في أحد الأيام الملاكم المعروف محمد علي أنه يكره وقت التمرين، ويكره الساعات التي يقضيها بين ساحة التدريب ومدربيه، إذًا كيف كان يضمن استمرارية التدريب؟

بالمقاومة .

كان يتدرب لأنه يعلم أن مقاومته للملل، ولكرهه للتدريب ستقوده للمجد، ويعلم أن كل دقيقة إضافية في التدريب ستصنع نجاحه في فنه، وتقربه خطوة نحو المجد، ويعلم أيضًا أن وقت التدريب لو خُصص لأي فعاليات خارج أوقات التدريب، ربما ستقوده ليكون خارج حلبة المجد .

نعم لا أحد يختلف حول امتلاكه للموهبة، لكننا نعلم يقينًا أن الموهبة لن توصله للمجد دون المقاومة!

‑ ستيفن كينج

ليست المقاومة محطة حياة، بل هي سلوك يُكتسب وينمو كل يوم إن تم الحفاظ عليه، يعي كل كاتب وكل رسام أن المقاومة هي التي سترسم لوحتهم وتكتب كُتبهم، ويعي البعض أن كل إنسان يملك ضريبة للوقت الذي يقاوم فيه لأجل فن أو حلم ما؛ فالقليل من التضحية بمشاهدة التلفاز يوميًا مقابل العمل على مشروع جديد سيكون له نتائجه الإيجابية لاحقًا. وإن استمرت المقاومة والتضحية لفترة أطول ستزيد فرص النجاح بالضرورة.

«أن تقاوم كل يوم لتقرأ كتابًا لساعة واحدة تعني قراءة ستين كتابًا متوسط الحجم في السنة»

أن تكتب خمسمائة كلمة كل يوم على مدار عام (دون توقف) تعني الانتهاء من كتابة ستة كُتب متوسطة الحجم.

وأن ترسم لساعة واحدة فقط كل يوم (دون توقف) تعني الانتهاء من أكثر من مئة لوحة خلال عام واحد فقط .

وأن تقاوم كل يوم لعشر سنوات . . . ربما، ستكون أحد الفنانين من خانة النجاح .

المقاومة تساوي الاستبدال:

لا يوجد في خاطري وصف أدق من ذلك ؛ فلستَ ملزمًا أن تقاوم من أجل المقاومة فقط ، بل سنقاوم أنا وأنت إن علمنا أن حياتنا (التي نريدها) ترتبط بالضرورة في مقاومة الشيطان الداخلي ، واستبداله بملائكة النجاح .

يذكر توماس ستانلي في كتابه «جاري الغني» : أن الثراء عبارة عن مجموعة التزامات ومقاومات شخصية يقوم بها الشخص على مدار حياته ؛ حتى يُصبح أخيراً من أصحاب الملايين ، تمامًا كذلك الرجل الرشيق الذي يمارس هواية الجري كل يوم ؛ فيتساءل آخرون لما عليه أن يجري إن كان رشيقًا في الأساس؟ متناسين أن مقاومته للكسل ، وممارسته للجري يومياً هي ما قادته للرشاقة ؛ حتى أصبحت إحدى سلوكياته اليومية التي لا تحتاج لأي مقاومة !

153

النجاح دون مقاومة سُرعان ما يختفي:

دائماً ما نُردد أن كل شيء يأتي «بسهولة» سيذهب بسهولة، ويعلم رجال الأعمال أن السنة الكونية تُكافئ كل من ينتظر نجاحه باتخاذه للطريق الصعب. وآسفاه دومًا لعدم وجود طريق واضح وسهل للوصول إلى النجاح، ولعل عزائي الوحيد في هذا الأمر أن باب المعرفة المفتوح مع القليل من المقاومة سيقودني بالتأكيد لمعجزة إلهية، وإن كُنت لا أعلم ماهي بالضرورة.

«سنة الكون تُكافئ الفنان وحده، وإن كافأت غيره دون وجود عنصر المقاومة والعمل الجاد؛ فستفقده لذة الفوز بالنجاح»

٨. المشي والرياضة

المشي:

لا أعلم حقيقة إن كانت عادة المشي التي ارتبطت بمعظم طقوس الفنانين الذين اطلعت على حياتهم بهدف الرياضة أو الصحة لمجرد الصحة، لكن أعلم أنها عادة مشتركة عند معظمهم.

البعض منهم اعتمد على المشي لاستثارة العقل، والبعض للهروب من زحمة اليوم، والبعض للتخلص من الطاقات السلبية فقط.

يمشي الدكتور «واين داير» أحد أهم العلماء الروحانيين وتطوير الذات ثمانية أميال منذ أكثر من ثلاثين عامًا كل يوم، ويمشي ستيفن كينج لفترة طويلة أيضًا كل يوم كما ذكر في أحد كتبه، ويلعب رجل الأعمال الإماراتي خلف الحبتور رياضة التنس كل يوم فترة الظهر (حتى في شهر رمضان) حسب ما ذكره في سيرته الذاتية، بل ويحرص على تعريف نفسه دومًا كرجل أعمال ولاعب تنس!

«أملك طبيبين، قدمي اليُمنى وقدمي اليُسرى»

- جي. أم. ترافليان

«مجموع الكل هو: أن تمشي وتكون سعيداً،
وتمشي لتكون صحياً»

- تشارلز ديكينز

وصرحت الكاتبة المعروفة جي. كي. رولينج (مؤلفة سلسلة هاري بوتر) أن: «لا شيء يماثل التنزه على الأقدام ليلاً للحصول على الأفكار»

ثلاثة وعشرون ساعة ونصف:

«ليس الكلام، بل المشي هو من سيوصلنا إلى الجنة»

- ماثيو هينري

طيلة سنوات كُنت أعلم أن رياضة المشي تُعد أهم وأبسط الممارسات التي تساعدنا على إنقاص الوزن فقط ، وكم كُنت مُخطئًا !

بل أصبح المشي بصورة مستمرة حسب ما صرحت به العشرات من الدراسات تقود الإنسان بالفعل للتخلص من حالات الاكتئاب ، وطرد الطاقة السلبية من الجسد والعقل ، وعندما تطرد هذه الطاقات السلبية لن تكون الحالة المزاجية في حالة استقرار وحسب ، بل ستُستبدل بطاقة إيجابية وراحة واضحة للقلب ، يعلمها ويعيها معظم الملتزمين بهذه الطقوس . لا يمكن لمعظم الفنانين والناجحين أن يصلوا لذروة إنتاجهم في ظل وجود بعض الطاقات السلبية في حياتهم أو على الأقل عدم محاولتهم للتخلص منها .

ذكر الدكتور مايك إيفنز الذي يعد أهم الأشخاص المهتمين في الطب الوقائي وصاحب البحث الشهير «ثلاثة وعشرين ساعة ونصف» أن الإنسان العادي في أمريكا يقضي ما يُقارب خمس ساعات يوميًا في مشاهدة التلفاز ، وبينما ينشغل معظمنا في توزيع الأربعة وعشرين ساعة بين عدة مهام عملية وحياتية لا تشمل رياضة المشي فيها على أقل تقدير .

وقد توصل دكتور إيفنز أن مجرد المشي (وليس الهرولة) تساهم بشكل مباشر في تحسين جودة الحياة وتحسين لياقة القلب والجسد والعقل ، وقد أوضح في بحثه أن المشي لمدة نصف ساعة يوميًا . تساعد بشكل مباشر على تخفيض ٤٨٪ من حالة القلق عند الفرد ، مع التخلص من حالة الإحباط النفسي بنسبة ٤٧٪ مقارنة مع الأناس

العاديين . ليس ذلك فحسب ، بل إن نفس معدل المشي يخفض أكثر من
٥٠٪ من تطور حالة الزهايمر لدى كبار السن و ٧٠٪ للمصابين بمرض
ضيق الشرايين . لا أسعى في هذه الفقرة بالتسويق لضرورة المشي كحلول
رئيسية لمشاكل حياتنا اليومية ، بل إنني أجد أنها تعد دليلاً كافيًا ليتخلص
الإنسان من أهم معوقات الحياة النفسية والجسدية ؛ لينشغل بأمور أكثر
أهمية لتأخذ النصيب الأكبر من حيز التفكير والجهد العقلي والبدني .
وبطبيعة الحال لن نستطيع الوصول لهذه الجودة الفكرية والجسدية دون
الأخذ بكلام دكتور إيفنس على محمل الجد .

النوم:

نعلم جميعًا أن النوم يُعد من أهم الطقوس التي تتطلب قدرًا عالياً
من الالتزام ؛ فالاستيقاظ المبكر يتطلب نومًا مبكرًا ، والنوم المبكر يتطلب
قدره هائلة على مقاومة المغريات ، التي تجعلنا تحت رحمة السهر . ليست
المشكلة في النوم المبكر والاستيقاظ المبكر فحسب ، بل إن كل التحدي
يدور حول الاستمرارية والانضباط اليومي دون توقف ودن أي
محاولات جانبية لمجاملة الآخرين ، ومجاملة أنفسنا لساعة الاستيقاظ
الإضافية في الليل . ويذكر ديفيد راندال مؤلف كتاب «أرض الأحلام»
والذي يتحدث بشكل موسع حول مشاكل النوم والأرق : «أن الإنسان
يحتاج لساعة نوم مقابل كل ساعتين استيقاظ خلال يومه . »

ولعل النوم يُعد أحد أهم العناصر المُتقنة والتي لم تفارق الفنانين والناجحين طيلة حياتهم. ورغم اختلاف أوقات النوم والاستيقاظ لدى الكثير منهم إلا أن العنصر المشترك كان في عدم التضحية بهذه الساعات الثمينة التي استثمرها أغلبيتهم في الحفاظ على استكنان العقل في اليوم؛ ليحُلم على أرض الواقع مرة أخرى. كان إرنست هيمنجواي، وإسحاق أسيموف، وبنجامين فرانكلين، وتيودور روزفلت يستيقظون كل يوم في الصباح الباكر جدًا ليبدأوا أعمالهم. ونرى نفس هذا الانضباط في بعض أهم رجال الأعمال ورؤساء الشركات المعاصرين هذه الأيام.

يستيقظ «ديفيد كاش» (الرئيس التنفيذي لشركة فيرجين آيرلاينز) في الرابعة والربع صباحًا كل يوم ويستيقظ كلاً من «ميشيل غاس» (رئيسة مجموعة ستاربكس) و«بوب إيجر» (الرئيس التنفيذي لشركة والت ديزني)، و«تيم كووك» (الرئيس التنفيذي لشركة آبل)، و«دان آكيرسون» (الرئيس التنفيذي لشركة جينرال موتور) في الرابعة والنصف صباحًا كل يوم، وغيرهم الكثير من الملتزمين بالاستيقاظ المبكر جدًا والذي قد نجده غريبًا على نمط حياتنا الذي اعتدنا عليه. ولعل أهمية الاستيقاظ المبكر للناجحين تكمُن في إمكانية استغلال أوقات الصباح الثمينة للتخطيط أو العمل على تلك المهام التي يحتاج فيها الإنسان للعزلة والتركيز أكثر من المهام الأخرى التي تتطلب تفاعلاً مباشرًا مع الآخرين.

ذكر «جون ماكسويل» أيضًا أنه اعتاد على استثمار أوقات الصباح الباكر بالعمل على أهم مشاريعه وكتاباته، متجنبًا الالتزام بأي ارتباطات واجتماعات مع الآخرين، وإن كان الأغلبية منّا يؤمن حقًا بأهمية الاستيقاظ المبكر كل يوم للشروع في العمل، لكن بطبيعة الحال ستتحول هذه العادة مع مرور الوقت لشيء مزعج، ومن الصعب الالتزام به إن لم يرتبط بالفعل بإنتاجية محددة وجدول واضح لإتمام المهام.

أجد أن فرصة استغلال ساعتين لثلاث ساعات قبل الذهاب للعمل (خصوصًا لدى الموظفين) تُعد الفترة الأهم التي يمكن من خلالها الانطلاق نحو الأحلام الشخصية أو حتى تنفيذ بعض المهام التي طال تأجيلها منذ فترات طويلة.

تستوقفني حقيقةً قوة الالتزام ومفعول طقوس النوم اليومية على حياة أصحابها؛ فأجد الأغلبية الغالبة من الناجحين مع تأكدي بعد الاطلاع على حياتهم عن كثب أن قضية النوم لا يمكن لأحد آخر أن يعبث بها إلا في حالات الضرورة القصوى؛ حتى وإن لم تكن ترتبط بالاستيقاظ المبكر بضرورة الأمر كما كانت مع آلبرت آينشتاين (باستيقاظه، وذهابه للعمل الساعة العاشرة صباحًا)، إلا أن الاستمرارية على نفس المنهج كل يوم يُعد هو الفيصل.

تميل مجتمعاتنا العربية للسهر أكثر من ميلها للنوم المبكر خصوصًا مع الشباب، وأجد العائق الاجتماعي يُعد الأكبر في عدم تطبيقنا لهذه القناعة التي أصبح الجميع يتغنى بها ويربطها بحياة الصحابة والتابعين

وبركة الرزق والتوفيق، متناسين ضرورتها القصوى في حياتنا الحالية.

نعم . . . مكالمة واحدة تكفي لكسر هذه القناعة والانصياع لرغبة الصديق الذي قد يُغرينا في المساء بقليل من السهر والعبث!

وهنا نكون قد خالفنا أهم عناصر النجاح التي نكاد نعلم يقينًا بتأثيرها إن التزمنا بها كل يوم.

كيف تستيقظ مبكراً؟

سؤال تقليدي، يحتاج لإجابة تقليدية مع القليل من الالتزام.

شخصيًا . . . أعاني منذ صغري مشكلة حقيقية مع النوم، وحالات الأرق أصبحت تُرافقني معظم فترات حياتي منذ مراحل الدراسة الأولى، وحتى وقت كتابة هذه السطور. قرأت العشرات من المقالات التي تتحدث عن الآليات الفعالة في النوم والاستيقاظ المبكر، وسألت عدداً لا بأس به من الأشخاص الذين أثق برأيهم حول هذه المشكلة. ومع شُح الأطباء والمتخصصين المحليين في هذا المجال ازدادت مشكلتي تعقيداً؛ حتى كدتُ أجزم أن أسبابها نفسية بالدرجة الأولى.

أنام مُتأخراً كل يوم رغم محاولاتي المستميتة للذهاب إلى السرير في وقت مبكر ولكن دون جدوى. أتقلب عدة مرات على السرير دون معرفة السبب أو المشكلة التي تسبب لي الأرق (عادة ما تختلف المشاكل الشخصية باختلاف مراحل الحياة).

طبقت عدة طقوس، ولعل أهمها هو مواصلة الاستيقاظ لليوم التالي كما يفعل غالبيتنا رغبة في تعديل أوقات النوم لأنتهي بالاستيقاظ الباكر دون تجاوز عدد الساعات الأقل لاحتياجي اليومي من النوم.

أقضي اليوم التالي في حالة تعب وإرهاق دون أي إنتاجية، وتستمر هذه الحالة مع القليل من الاختلافات اليومية التي تتغير مع الأيام.

والعجيب في الأمر أن هذه الحالة تختفي تمامًا بشكل تلقائي عند تغيري لمكان النوم؛ فلا أجد هذه المشكلة عند سفري إلى الخارج، أو مبيتي خارج المنزل. وحقيقةً، لم أذهب حتى اللحظة لزيارة أي طبيب مختص، ولعل رغبتي الملحة بالتخلص من هذا التحدي بنفسي كان السبب الوحيد، لكي لا أقنع نفسي بوجود مشكلة حقيقة! نعم، وحتى إن علقت عزيزي القارئ على هذه النُقطة بشكل سلبي؛ فلستُ في المقابل أتهرب من وجود هذه المشكلة في حياتي، بل إنني أركز على علاجها منذ سنين، وربما قد أكون نجحت نسبياً في التخلص منها.

أذكر هنا بعض أهم التطبيقات التي ساعدتني على النوم والاستيقاظ المبكر، دون أن أتناسى وجود مشكلة اجتماعية حقيقية تحول دون ذلك، وطبعًا مستثنيًا تلك الأيام التي لم ألتزم بها بسبب أو دون سبب مقنع.

1. لا لتناول العشاء مباشرةً قبل النوم (يجب أن يُفصل العشاء بينه وبين وقت النوم ساعتين على الأقل).

2. فصل الإنترنت عن الجوال (أن تعرف السبب!).

3. ممارسة الرياضة بشكل يومي (أن تمشي ثلاثين دقيقة على أقل تقدير) .

4. الإكثار من تناول الخضراوات والفواكه .

5. الابتعاد عن أي شاشة إلكترونية قبل النوم بنصف ساعة على الأقل (على الرغم من ولعي الشديد بالقراءة خصوصًا قبل النوم ، فقد استبدلت جهازي الكيندل «القارئ الضوئي» بالكتب الورقية) .

6. عدم الالتزام بمواعيد تسبق النوم بوقت قليل .

7. لا لشُرب القهوة في المساء (أعشق القهوة، وقد وجدت التعود على شُرب القهوة دون كافيين أفضل حل لهذه المشكلة في الفترات المسائية) .

مشاكل النوم:

يذكر ديفيد راندال : «أن النوم يُعد أحد أسرار العلم المزعجة» وأضاف : «أن النوم يُعد أحد أهم العلوم الشابة في عصرنا الحاضر» مقتنعًا أن العلوم المختصة في النوم؛ حتى هذه الأيام لم تُعطَ حقها مقابل معظم العلوم الأخرى !

لا يعلم معظم الناس أن نومهم الليلة الماضية كان أحد أهم الأسباب التي صنعت يومهم الحالي بشكله وظروفه؛ فقد لا يستوعب الفنان أو

مؤدٍ العمل بالدرجة الأولى أن عدم حصوله على النوم الكافي خلال الليلَة الماضية كانت هي السبب الحقيقي وراء تناقص الإنتاجية، وعدم استغلال ساعات اليوم بأفضل شكل ممكن، بل وتزداد مشاكل اليوم تعقيدًا إن حاول البعض حلها ببعض المسكنات كالإكثار من شرب القهوة، والإسراف في تناول الطعام كمحاولة لهزيمة الإرهاق الذي يزداد مع ازدياد وظائف الجسد؛ فتنشغل أجسادنا بأمور أخرى بعيدًا عن الإبداع العقلي والانتهاء من المهام العملية، وهنا أجد أيضًا في معظم الحالات أن الاستجابة أصبحت ضعيفة خلال يوم العمل لبعض الأمور التي تبدو بسيطة في عملها مقارنةً مع الشخص الذي حصل على قسط ممتاز من النوم.

هل تكون طقوس النوم بالفعل أحد أهم أسباب النجاح لدى الفنانين؟

نعم . . . أؤكد لك ذلك!

وأضاف راندال: «لا تُعد ساعات النوم هي فاصل الراحة في حياتنا، بل إنها الثُلث المفقود الذي يكمل حياتنا».

كُنت أتأثر كثيرًا برأي بعض رجال النجاح حول أهمية الحصول على القسط الأقل في النوم، كما كان يرى نابليون بونابرت بأن الأغبياء فقط هم من ينامون كثيرًا، لكن أعلم اليوم أن ساعات النوم التي تستوجب الإلتزام منّا، تعد أكثر أهمية حتى من نظام التغذية الذي نتبعه في سبيل الوصول لصحة مثالية.

مع القليل من استرجاع الأحداث، أجد أن النوم بالفعل كان سببًا رئيسيًا في تحديد مزاجي ورغبتي للعمل في بعض الأيام، بل إن النوم الزائد عن الحاجة في بعض الأيام قد حولني إلى شخص يكبرني بخمسين عامًا من الكسل والخمول الذهني والجسدي.

لا أحب النوم كثيراً، ولعلي أعترف دومًا أن عدم تناولي للطعام يؤثر على مزاجي سلباً في كثير من الأحيان، لكنني بالفعل أجد أن طقوس النوم الصحيحة تساعد كثيراً على تجنب احتياجات ومشاكل الجسد الأخرى.

أول تغيير جذري في حياة سيدة الأعمال آريانا هافينجتون (رئيسة تحرير صحيفة هافينجتون بوست) هو حرصها الشديد على النوم لمدة ثماني ساعات يومياً كما ذكرت في كتابها «نمو».

كان ذلك التغيير عام ٢٠٠٧م بعد أن عادت إلى بيتها في أحد الأيام من عملها المرهق في الصحيفة؛ لتكمل عدة أيام بمعدل نوم لا يتجاوز أربع ساعات يوَمياً، وتتفاجأ بسقوطها على الأرض، وكسر أجزاء من رأسها وفكها وهي غارقة في دمائها نتيجة الإرهاق، لم تكتف بهذا الحد بل أصدرت قراراً رسمي بإضافة أكثر من غرفة للقيلولة في كَل طابق في الشركة؛ ليتسنى للموظفين أخذ قيلولة خلال يوم عملهم إن احتاجوا لذلك، بل كانت تشجعهم على هذا الفعل إضافة لتناول الغداء بعيداً عن المكتب.

النوم وسط اليوم (القيلولة):

اشتهر بكثرتها المخترع ورجل الأعمال توماس أديسون؛ حيث كان يحرص كثيراً على عدة قيلولات خلال اليوم؛ لضمان الحصول على الطاقة الكافية لإتمام أعماله، وربما لا تُساعد هذه المعلومة الكثير منا لارتباطهم بساعات عمل محددة خلال فترة الصباح حتى آخر ساعاته، بل إننا قد نتلقى بعضًا من التوبيخ إن تم مشاهدتنا محاولين أخذ قيلولة على أحد المكاتب من قِبل المديرين وزملائنا في العمل.

ورغم اقتناعنا أن ردة الفعل هذه لا تُعد صحيحة، أجد أن استيعاب هذه الضرورة في بعض الشركات اليابانية والأمريكية المعروفة أصبحت محل التنفيذ، عبر تخصيص ساعات أو غرف خاصة لأخذ قيلولة خلال يوم العمل، بل وإن أصحاب المناصب الكبيرة في الشركات يحرصون اليوم أكثر من غيرهم على ساعات القيلولة بدلاً من الخروج لتناول الغداء، كما عُرف عن موظفي شركة جوجل على سبيل المثال.

العمل حتى ساعات متأخرة من الليل:

أثبتت الدراسات كما ذكر راندال أن الموظفين الذين يعملون لأربعة وعشرين ساعة متواصلة، يصبحون ضحية الحوادث المرورية ضعف زملائهم الذي يعملون ساعات أقل خلال يومهم في العمل.

ولن أنكر أبداً أن معظم الأعمال حسب تجربتي المتواضعة، والتي يتطلب الانتهاء منها خلال وقت قصير تحت أي ضغط، تكون قد مرت

عليَّ حالة من عدم التنظيم أو الالتزام في تنفيذها تحت روتين ونظام ووقت محدد .

اشتُهِر بمرورهم بهذه الحالة معظم العاملين في مجال الدعاية والإعلان؛ حيث تستوجب منهم بعض المهام وأوقات التسليم العمل طيلة الليل ، لتكون المنجزات على مكتب العميل صباح اليوم التالي .

ولن أنكر أيضًا أننا نحن العرب (وأنا على رأسهم) نُقدر العمل على المشاريع قبل وقت تسليمها بفترة قصيرة جداً ، مما يجعلنا في معظم الحالات نعيش تحت الضغط مستسلمين لجودة العمل المهددة بعدم القبول . تمامًا مثل أيام الدراسة نعلم أنا وأنت عزيزي القارئ ، وإن لم نكن من هذه الفئة أن معظمنا كان يذاكر قبل الامتحانات بأوقات قليلة ، وننجح في غالبية الأحيان!

وحتى إن لم نحصل على أعلى الدرجات بالضرورة .

وبمجرد قياس هذا السلوك أجد النقيض ، بل وكل النقيض في حياة الفنانين والناجحين على مر التاريخ؛ فلم تمر عليَّ حالة واحدة وجدت فيها أن أحد أهم كُتاب العصر أو التاريخ كان قد كتب كتابه الطويل خلال يوم واحد!

وأعلم يقينًا أن التلحين ، والرسم وغيرها من الفنون الأخرى لم تنجح بسبب أعمال الليل المتواصلة .

بل نجحت معظم الإنجازات والمشاريع بقليل من العمل (المتواصل) والنوم الكافي ، ومساحة زمنية أقل ما يُقال عنها أنها منطقية .

وعلى الرغم من ذلك نسعى دومًا للبحث عن الحلول السريعة في العمل والإنجاز والمردود بالطبع! وعندما نصل لذلك المردود نعود لطقوسنا الغريبة في التكاسل والسهر وممارسة حياتنا بشكل غير طبيعي .

عناصر الفن وحياة الفنان:

ماذا بعد . . .

عندما نعي العناصر الثمانية في نمط حياة الفنانين، والتي ساهمت بصنع الفنون الاستثنائية، نكون قد وضعنا أيدينا على الأدوات .

أفضل ما يمكنني قوله إن بتطبيق هذه العناصر سنتعايش مع عقولنا وحياتنا بأفضل ما يمكن لنا أن نعيش به . وسأتحدث في الجزء الثالث عن بعض المفاهيم والاستراتيجيات التي قد تُشكل (نصف) خريطة للطريق الذي يمكننا من خلاله الوصول لصناعة فنوننا المميزة (في عملنا أو في حياتنا) .

الجزء الثالث: ماذا بعد ثورة الفن؟

اصنع فنًا مميز

حارس البوابة:

في السابق، لم يكن باستطاعة أي شخص أن ينشر أفكاره وعمله دون المرور على حارس البوابة. كان يمثل الناشرون دور حارس البوابة لأي أعمال وفنون كتابية، وكان المنتجون بمختلف مجالاتهم يقفون ضد نشر الموسيقى والأفلام للعالم ما لم ترق لهم، والسبب في التوقف عن النشر ببساطة عدم وجود أي طريقة غير ذلك.

والآن في اعتقادي أن حُرّاس البوابات قد انتهى زمنهم، أو يمكن القول قد تم استبدالهم ببوابات مفتوحة تقبل الكل دون استثناء.

استبدل اليوتيوب منتجي الأفلام والمسلسلات (حُرّاس بوابة الإعلام المرئي) ليمكن أي شخص أن ينشر عمله من خلاله، واستبدلت قنوات التواصل الاجتماعي والمدونات كل الوسائل التقليدية للإعلام لنشر الفنون الكتابية، كل المشكلة تدور حول ارتباطنا نفسيًا بحراس البوابات، وحتى العِلم وبوابات المعرفة كان لديها حُراسها المختصين

متمثلين في المدارس والجامعات والمعاهد، ولم يعد هذا الحال كما كان عليه في السابق، أصبحت بوابة الإنترنت مفتوحة لكل باحث عن العلم والمعرفة، بل أجد أن من أبسط الأمور في وقتنا الحالي هو الحصول على المعلومة باختلاف درجاتها واختلاف ثقافة الباحثين عنها.

التعلم والبحث عن المعرفة في ثورة الفن:

«الاقتصاد تغير تقريبًا للأبد، والمدرسة لم تتغير»

- سيث جودين

قبل خمسة أجيال، ومدارسنا:

قبل أربعة أو خمسة أجيال من جيلنا الحالي، لم يكن الإنسان وقتها في أصقاع الأرض يذهب لشخص آخر؛ مُهندمًا يحمل شهادة (أكاديمية) معينة، ليطلب منه وظيفة!

كان الكل جزء من منظومة تنمية موحدة؛ فجد والدي على سبيل المثال كان يعمل كمشرف على بستان في المدينة المنورة، وبعض أجداد تلك الفترة كانوا يحرثون الأرض للزراعة، والبعض ينشغل بالخَبَز وآخرون بالرعي أو الحدادة أو النجارة، ليضع كل منهم لونه في لوحة

الحياة حسب ما يستهوي عمله . وقد تتمثل مهمة «الصبي» في البدايات كطريق لتلقي الخبرة وتعلم الصنعة .

يؤمن الرجل التسويقي المعروف سيث جودين أن المدارس التقليدية الحالية تعتبر بقايا غير معالَجة لعصر الثورة الصناعية (حتى عام 1950م تقريبًا) وحلول غير صحيحة تتناسب مع عصرنا المعلوماتي الحالي ؛ ليفسَر ذلك كما يلي :

١ . ماقبل الثورة الصناعية : وذلك حسبما ذكرت بدايةً، أن كل فرد يعمل في مجال معين يكمل بعضه الآخر .

١ . الثورة الصناعية (ظهور المدارس بشكلها الحالي) :

يتم تخريج مجموعة من الأفراد بعد تلقيهم دروس محددة بتخصص محدد، بأعداد محددة، ثم إلى تدريب محدد؛ ليكونوا موظفين (في مصنع/ تصنيع محدد) . وذلك ما يفسر مجموعة من الاستنتاجات منها :

– معظم أثرياء تلك الفترة هم من ملاك المصانع أو أصحاب صناعات معينة كـ: آندرو كارنيجي ، هنري فورد، توماس أديسون وغيرهم (وبقية المجتمع يعملون لديهم بعد تخرجهم من المدارس) .

– كبر أعمار أصحاب المصانع والثروات خلال تلك الفترة (بعكس ما نراه خَلال جيل ثورة المعلومات وريادة الأعمال الحالي ومن خير الأمثلة : بيل جيتس مؤسس مايكروسوفت ، ومارك زاكربيرج مؤسس الفيسبوك) ، وذلك لطول الفترة النسبي لتجميع الثروة .

– مابعد الثورة الصناعية (ثورة المعلومات) :

ويتمثل بشكل عام جداً إتقانك لمجموعة من المهارات المعاصرة كالكمبيوتر والإنترنت لتتمكن من الإتصال حول العالم مع أي شخص ، وبالتالي سهولة ممارسة أي نشاط تجاري أو تسويقي (معلوماتي) مع أي شخص في العالم . فمن يملك المعلومة الصحيحة بفكرة وعمل صارمين يملك القوة .

شخصيًا ... معظم دوراتي التدريبية وورش عملي وبرامج التعليم المشترك فيها ، خارج دولتي مع أشخاص عديدين من شتى بقاع العالم ، وذلكَ ببساطة عبر استخدام الإنترنت وجدولة الاجتماعات كبرامج مشابهة لسكايب ، وبالطبع استخدام الإيميلات ليتم إرسال المواد عبرها وبطبيعة الحال تطبيق مفهوم الدراسة ، والتدريب عن بعد بكل بساطة . وأكاد أجزم أن جودتها تفوق معظم دوراتنا التدريبية وجهًا لوجه مع بعض المدربين هنا !

– جميع أعمالي واحتياجاتي الجرافيكية الحالية .. . تتم مع سيدة تعمل لدي بشكل منتظم وسريع ورخيص ، والأهم من ذلك بجودة عالية تسكن في مقاطعة تقع في شرق أوروبا اسمها «فويفودينا» عاصمتها «نوڤي ساد» ، هل سمعتم عنها من قبل؟

– أكتب لكم تدوينتي هذه باستخدام هاتفي الذكي بكل يسر وسهولة !

في نظري من يملك المعلومة والمهارة الحياتية المعاصرة سينجح ، وليس من يملك معلومة عصر الثورة الصناعية .

أدعوك معي للتخيُل حول الفرق بين (عصر الثورة الصناعية وعصر المعلومة) .

***

يستسلم الشباب لليأس من عدم القدرة على التعلم (بالحصول على التعليم الأكاديمي) ، يكمل بعض الشباب العشرين سنة القادمة التي تلي تخرجهم من آخر مرحلة دراسية في وظيفة متواضعة ؛ ليؤدوا العمل لمجرد العمل طيلة حياتهم ، والسبب : اعتقادهم أن الفرصة لم تأتهم ليكملوا تعليمهم (الأكاديمي) !

وكأن الجامعات والمدارس هي الوحيدة التي وُجدت لتغطي مهمة العلم والتعلم . أجزم الآن أن حجة العلم والتعلم والحصول على المعرفة لا ترتبط إلا بنفسياتنا التي فضلت عدم البحث عنها إلا في أبواب الجامعات وبين ضغوط المجتمع . تناسينا وجود الإنترنت وإمكانياته وسهولة الحصول على المعلومة من خلاله . تناسينا أن طلبة العلم كانوا يسافرون أشهر طويلة ليلتقوا بشخص واحد ، أو للحصول على معلومة واحدة في بعض الحالات ، وقد تكون هذه المعلومة إحدى العشرات التي كرس لها طالب العلم حياته في البحث عنها .

لا أعرف لما يصر البعض على الالتزام بالطرق الرسمية للوصول إلى المعرفة ، فلم تعد الشهادة هي التي تُثبت امتلاكنا للمعرفة ، ولم تعد

175

الجامعات بطبيعة الحال هي البوابة الوحيدة لإعطاء المعرفة . ولا أعرف أيضًا لم يصر البعض حتى هذه اللحظة بالاستمرار في تضييع الوقت مع المخرجين والصحف ، والمدربين ، ومديري المبيعات ورؤساء الشركات ، وغيرهم من حُراس البوابات ؛ ليعيشوا أحلامهم وينشرون أفكارهم ، ويصنعون طموحاتهم .

لا أحب التنظير . . . أميل كثيراً للعمل على أرض الواقع ، وإن كُنت لم أصل لأعلى درجات العمل حتى الآن (ولن أصل) ، لكنني أجزم أننا اليوم نعيش أفضل الأوقات التي تحمل فُرصًا لتحقيق الذات في التعلم والعطاء ، والأهم القدرة على صناعة شيء ما . يوجد الآن آلاف المواقع على شبكة الإنترنت التي تساعد كل الأفراد في تعليمهم مهارات جديدة ، وآليات لم يكن بوسع أي شخص متعطش لها سوى الوصول إليها عن طريق امتلاكه المال ، أو معرفة جهة محددة للوصول إليها ، ويتمثل ذلك كما ذكرت بوجود معاهد أو مدارس معينة لذلك .

أعظم خبراء الإدارة في العالم أصبح لديهم مواقعهم الخاصة التي ينشرون من خلالها تجاربهم وعلمهم وأعمالهم أمثال روبين شارما ، بيل جيتس ، جون ماكسويل ، جاك ويلش ، براين تريسي ، ديف رامسي ، ستيفن كوفي وغيرهم الكثير .

البعض منهم يركز تحديداً على إعطاء دورات تدريبية وعروض اشتراكات مجانية على قوائمهم البريدية ، ليعلموا الآخرين من خلالها ، ولكسب بعض الزبائن بالطبع ، أصبح الوصول لمعظمهم أسهل من

الوصول لحُراس البوابات في الماضي ، بل إن اقترابهم لإعطاء المعلومات والخبرات بشكل مجاني قد يشجع الباحثون عن المعلومة غير المهتمين بحصولهم على شهادات حضور ؛ ليستعرضوا بها عند تقدمهم لأي وظيفة .

أؤمن أن المعلومة يجب أن تكون في متناول الجميع ، وبأقل التكاليف ، وأؤمن أكثر أن طالب المعلومة يجب أن يحصل عليها لمجرد الحصول عليها دون ضغوط أو نفاق اجتماعي ليقول في نهاية الأمر : «لقد حصلت على شهادة حضور الدورة الفلانية» كما نرى انتشارها في الوقت الحاضر ، بل وارتباط ثقافة الكثيرين منّا بفكرة امتلاك عدة شهادات من عدة أماكن !

ثورة الفن هي أن نتعلم ، لنُعلم ، ولنصنع فنوننا الخاصة ، وبعد كُل ذلك أن ننشر أفكارنا وأعمالنا ، كما نُريد ووقتما نشاء .

لم يعد العالم كما كان عليه ، خصوصًا في توفير المعلومات وتعليم الذات ، ولعل الفقرة القادمة قد تُعطي بعضًا من مؤشرات هذا الموضوع .

أدوات للتعلم - (١) الدورات التدريبية :

أرصد هنا بعض أدوات تعليم الذات ، يمكن لأي شخص في العالم من خلالها الحصول على معلومات حقيقية ، ومن أشخاص حقيقيين ، والأهم أنها من تجارب حقيقية ليست نظرية ولا أكاديمية (لا توجد لدي مشكلة مع التعليم الأكاديمي ، لكن أقدر شخصيًا علم التجربة والخبرة

على أي علوم أخرى، ربما لأنني أنتمي بشكل أكبر لمدرسة ريادة الأعمال، ومدرسة الحياة أكثر من انتمائي لكراسي الدراسة).

Skillshare.com:

موقع جميل أتقن أصحابه هيكلته ليظهر بشكل منظم، يُتيح الفرصة لأي شخص يريد التعلم «أون لاين» بمبالغ بسيطة نسبيًا قد لا تتجاوز تكلفة الدورة الواحدة ٥٠ دولاراً، أجد قوة الموقع في كل ما يتعلق بالدورات و كذلك تعليم الذات في عالم الأعمال، أعتبره أحد أدواتي في التعلم.

Lynda.com:

موقع آخر يمكن من خلاله الحصول على دورات تعليمية أيضًا «أون لاين»، أسسته سيدة لكل مهتم بتعليم الذات، أجد قوته في دورات اللغة وبرامج الكمبيوتر التي تحتاج إلى دورة ما لإتقانها.

Udemy.com:

أحد أكثر المواقع الغزيرة بدورات تعليم الذات «أون لاين»، وإن كان أغلى قليلاً من منافسيه (متوسط سعر الدورة ١٠٠ دولار)، ولكن بالتأكيد يمكن لأي شخص أن يجد ضالته هناك.

موقع ماريا بوبوفا – *Brainpickings.org*:

أسست موقعها عام ٢٠٠٥م.

وهنا سأتطرق لنمط الحياة التي صنع منها أحد أهم مبدعي رواد الأعمال على مستوى العالم وهي لم تصل بعد لعمر الثلاثين حسب تصنيف موقع «فاست كومبني» المشهور.

هاجرت ماريا من دولتها الأم بُلغاريا إلى الولايات المتحدة بغرض الدراسة. وقد عملت في عدة مجالات، لعل أهمها كان في الدعاية والإعلان كما تقول.

اكتشفت عشقها للقراءة منذ سن مبكرة؛ ليقودها ذلك لتأسيس موقع برين بيكينج، يتناول موقعها حياة الفنانين وطقوسهم، ويركز كثيراً على الإلهام وتطوير الإبداع وتحديداً على قدرات وفروقات الإنسان، وقدراته العقلية دون الاقتراب من أي أمور أخرى كالمال والعمل لمجرد العمل.

غريزة الكتابة ... (تكتب ثلاث مقالات كل يوم إحداها مقالة طويلة، وتجُدول كل تغريداتها ومشاركاتها على الفيسبوك مُسبقًا؛ لكي لا تنشغل بها أثناء يومها) تقرأ من ١٢ إلى ١٥ كتابًا أسبوعيًا، وتعتمد كثيراً على أوقات النادي الرياضي في الصباح، فهي كما أوضحت

تستخدم الدراجة أثناء وجودها في النادي بشكل كبير ليمكنها القراءة من خلال الآيباد الخاص بها .

مدونة سيث جودين – *sethgodin.typepad.com*:

سيث يملك عدد متابعين على تويتر يفوق المئتي ألف وأكثر من مئة ألف على الفيسبوك ومثل هذه الأرقام المشابهة على باقي حسابات قنوات التواصل الاجتماعي كجوجل بلس واليوتيوب . كل الإثارة تكمن إن علمت أن سيث لا يغرد ، ولا يشارك على جميع قنوات التواصل الاجتماعي أبداً . في الحقيقة كل هذه الحسابات المسجلة له على قنوات التواصل الاجتماعي ، ماهي إلا إعادة نشر تدويناته اليومية ، التي بدأها عام ١٩٩٠م ورسمياً على الإنترنت منذ عام ٢٠٠٢م .

ويؤكد دائمًا وفي عدة مناسبات أن معظم الشركات والأشخاص يبحثون عن التغيير السريع خلال أيام قليلة ، متناسين أن التغير الحقيقي والفعلي يأتي تدريجيًا ، وبالعمل المتواصل :

«قليلاً قليلاً ... خطوة بخطوة ... يوم وراء يوم» كما يقول ، ويؤمن أن جمهوره الغفير ومتابعيه لم يأتوا في ليلة وضحاها . إنما عبر سنوات من نشر الأفكار وكتابة المقالات والكتب بشكل مستمر ، والتي تتحدث عن تخصصه (التسويق) .

بعد تجمع هذا الجمهور الغفير (الذي يسميهم قبيلته) ، أصبحت أفكاره الملهمة تصل لأعداد مضاعفة عما كانت عليه في السنوات الأولى

لكتاباته، مما أتاح له جني أرباحًا مضاعفة مقابل ما يكتبه، ويذكر «جاي كوساكي» في كتابه . . . «آيب: كيف تنشر كتاب» أن سيث قد وصل لمرحلة دعم فيها كتابه قبل نزولها رسميًا عن طريق موقع «كيكستارتر»، ليفوق إجمالي مبيعات كتابه الأخير «هروب إيكاروس» أكثر من مئتي ألف دولار قبل صدوره!

(تخيل نفسك وأنت تصنع منتجًا ما، يكون الأكثر مبيعًا قبل صدوره)!!

يذكر سيث كثيرًا عبر مقالاته أن الأفكار يجب أن تُنشر دومًا بشكل مجاني، فإلهام الغير بشكل مستمر سيعود عليك لا محالة قريبًا أو في يوم من الأيام البعيدة، وفي الحقيقة هذا ما يفعله من خلال مدونته، «الأفكار المجانية، تنتشر، وما ينتشر، ينجح» كما قال في عدة مناسبات، ولعل إيمانه أن نشر الأفكار وتعليم الغير مجانًا كان سبب وصوله لهذه النجاحات، والتي قادته ليصبح صاحب أكثر الكتب الإلكترونية مبيعًا في التاريخ في كتابه «فايروس الأفكار». وقد ذكر ذات مرة أن كل ما وصل إليه من انتشار كتابه، قد كلفه وجود «إنترنت ولابتوب وهو فقط!»

وأجد أن هذا النجاح الطريف يُعد ضد السلوكيات العملية التقليدية في عالمنا العربي، فلكل خدمة أو منتج سعر مباشر وتكلفة مباشرة، متناسين أن النجاحات العالمية بدأت وانتشرت واستمرت «بحبكات» مجانية ونموذج عمل بسيط نسبيًا كثورات تطبيقات وبرامج التقنية.

عموماً ... بعد اطلاعي على هذه السيرة، أصبحت أتطلع في يوم من الأيام لنشر كتيبات مجانية (بشكل قانوني) عبر الإنترنت وشبكات التواصل، يشاركني في كتابتها ربما أنت، وكل من لديه تلك الفكرة التي يعتقد أنها تستحق النشر والتوثيق. ولعلي أوشك أن أحلم بتجميع الخبرات الحقيقية (من خبراء حقيقيين) لأحولها لكتب مجانية (إلكترونية)، تنتشر في كل مكان والتي قد تغير حياة أو تركيبة شخص ما في مكان ما.

«أؤمن أن لكل شخص قصة .. ومعظمها يستحق الاهتمام»

- ستيفن كينج

أتكلم دائمًا وفي عدة مناسبات حول وجود نقص كبير وفجوة واسعة في توثيق خبرات الأشخاص، ونشر الأفكار الإيجابية من قبل أصحابها، ولعل أهم أنواع تلك الخبرات والمعرفة هي التي تتركَز في عقول خبرائها التي تكونت لديهم عبر السنين، دون نشرها بأي شكل من الأشكال، وهنا تكون الدعوة الصريحة لأي شخص أن يمارس فنه، وربما يكون ذلك عبر نشر الأفكار التي تستحق النشر.

انشر ما تؤمن به، وماتريد أن تقوله لأي شخص بأي وسيلة، في أي وقت؛ فكل ما تحتاجه «لابتوب» أو ربما «هاتفك الذكي».

:Lifehacker.com

الموقع الأفضل في نشر مقالات ودراسات حول الإنتاجية، العمل، وأسرار بعض الناجحين. مثل هذا الموقع لا يعني كثيرًا لمؤد العمل، لأن المؤدي للعمل سيبحث دومًا على طريقة أفضل ليقلص سَاعات عمله، أو في البحث عن وظيفة يمكن من خلالها أن يستأذن بسهولة من أوقات العمل، وفي بعض الحالات يجد الأفضلية عند أقل أوقات العمل بأفضل راتب ممكن! ولا أنصحه أبدًا أن يبحث عن ضالته في «لايف هاكر».

:Ted.com

تيد . . . موقع غني عن التعريف، أهم منظمة تُعنى بنشر الأفكار التي تستحق النشر حسب وعودهم، لا أمل أبدًا من مشاهدة أفلامهم التي تنتشر بشكل كبير، والتي تحمل في داخلها الكثير من الأمل والعمل، والأفكار التي عاش تجاربها الكثير من الأشخاص حول العالم.

في البحث عن الفن

سنة واحدة . . . تكفيك لتثبت قدرتك على صناعة الفن .

أن تعيش وتعمل كفنان لا كمؤدٍ للعمل . . . هي رسالتي الأهم في هذا الكتاب ، وقد تحدثت في الصفحات السابقة عن ذلك الفرق الجوهري بين أداء الفنان في العمل وأداء مؤد العمل (الموظف) للعمل ، وعندما أتناقش مع الكثير من أصدقائيَ حول هذا المفهوم أجد في مواجهتي العديد من الأعذار التي قد تحول دون وصول هذه الرسالة .

«رئيسي في العمل شخص ظالم ، لا يمكنني حتى أن أتناقش معه في شيء»

«جاءت عليّ! . . . الكل هنا يُعاني من عدم التطور ، فلما سأكون أنا الفنان القادم في ساحة العمل»

«أرغب في البدء في فني (أو عملي) الخاص ، لكن ربما أحتاج للمال . . . أو الدعم ، أو الخبرة . . . إلخ»

«نملك نظامًا محددًا ومعينًا في الشركة يمنعني من ممارسة عملي كفنان ، بل ويلزمني بنُظم محددة لا أستطيع الخروج عنها!»

وغيرها الكثير من الأشياء التي تعودت سماعها . . . . .

حتى وإن لم تعرف أين تجد نفسك بين أي الفنون لتعمل بها، يظل هناك طريق بسيط يمكنك الوصول إليه، ودون تحذلق أو أي محاولة لبيع فكرة قد يراها البعض غير منطقية أو غير قابلة للتطبيق. آمل أن تعطيها حقها فقط من التفكير، وإن لم تقتنع، فأجد أن من المناسب إغلاق الكتاب الآن، والعودة لحياتك الكريمة عزيزي القارئ دون أي محاولة قادمة مني لتضييع وقتك الثمين.

في المحاولة للوصول إلى الفن، في حياتك وعملك الذي تعيش معه الآن.

أو

في محاولة منك للوصول لفن جديد، أو ربما لتبدأ حياتك مع فن قديم قد اخترته لنفسك دون وجود آلية واضحة للبدء فيه.

هنا الاقتراح:

أولاً: اختر موضوع واحد أو مشكلة واحدة في عملك، أو حتى أي موضوع آخر يُثير اهتمامك في هذه الحياة.

ثانيًا: اكتب عنه مقالة واحدة إلى ثلاث مقالات كل أسبوع (أو) صوّر نفسك، وأنت تتحدث عنه، ثم انشر فيديو كل شهر على

اليوتيوب ، وربما بإمكانك تخصيص أي قناة أُخرى لنشر أفكارك حوله كتطبيق «الإنستجرام» .

ثالثًا : استمر في ذلك لمدة عام واحد . . . عام واحد فقط .

رابعًا : قبل انتهائك من العام الأول . . . ستكتشف كل يوم أنك بحاجة لتعليم نفسك كي تتحدث في الأمر الذي اخترته طيلة العام ، وستبحث عن آليات جديدة وطرق جديدة لتطوير محتوياتك التي تزعج بها الآخرين كل يوم .

وأخيرًا ستجد بعد نهاية العام أنك صاحب ذلك الفن المميز الذي اخترته لنفسك ، بل ستجد الجميع يستشيرونك بخصوص هذا الفن ، وستجد العديد من الأسئلة التي ستنهال عليك بخصوص محتوياتك التي نشرتها ، وستجد أن من المضحك أحيانًا نسيانك لما نشرت في بداية العام .

ولا أود تعكير صفوك بتذكيرك ببعض الأشخاص الذين سيدخلون في الخط ؛ ليقولوا أنك تتذاكى ، أو سيزداد الأمر إزعاجًا عندما يتجاوز بعضهم الحدود بتغليطك مرة واثنتين ، بل سأذكرك هنا بأن تزيد من معيار الود معهم ، وأن تبتعد كُليًا عن التذاكي ، وتبتعد أكثر عن الصدامات ؛ فقد تعودت الأغلبية على شخصيتك وتوقعات معينة قد تصدر منك بعيداً عن الفن . بل وأجد هذه الفترة هي الوقت المناسب لاكتشاف غيرة البعض منك ! ، وكره آخرين لمستقبلك المشرق .

وخارج هذا الزحام ، سأعترف لك بأمر ما ... في الحقيقة ، ستكون بالفعل ذلك الفنان الذي لا يمكن للمجتمع الاستغناء عنه بعد فترة ، بل وربما ستنتقل تدريجيًا من خانة الموظَف للمُوظف ، وستكون بالطبع فنان عوضًا عن تأدية العمل لمجرد العمل ؛ لأنك ببساطة عملت على فنك (أو فنونك) طيلة عام كامل ، بتركيز متقن ، واستمرارية واضحة في التعلم .

تخيل معي ... عام كامل ، تكتب فيه أو تنشر مادة معينة عن موضوع محدد ... تعلم نفسك فيه كل يوم ... تشاهد الأشخاص من مختلف أنحاء العالم ممن يشاركوك هذا الاهتمام ... هل ستكون نفس الشخص بنفس المعرفة قبل هذا العام؟

بالطبع لا !

لن يعدك أحد ، ولن أعدك بنجاح استثنائي ، بل أعدك بحياة تعيشها كفنان ، والتي ربما ستجد من خلالها ضالتك وطريقك !

وليتني أستطيع تخصيص الجملة السابقة لفئة معينة من الناس وخصوصًا الشباب ، لكنني بالفعل أجد إمكانية تطبيقها على أي شخص يبحث عن حلمه ... من خلال أيامه التي يتعايش فيها مع عمله الحالي .

أن تتعلم ... لتُعلم ... لتنشر فنك ... لتعيشه .

الخُلاصة: الحظ سيأتيك

«أفضل طريقة للتنبؤ بالمستقبل هو أن تصنعه»

– إبراهام لنكون

سيشغل العمل جُزءاً كبيراً من حياتك، وكم ستسهُل مهمة البحث عن الرزق وتحقيق الذات إن كُنت تحب عملك.

كُنت أتحدث مع أحد الإخوة عن نيتي لكتابة هذا الكتاب، وقد أصرّ عليّ أن أُخصص جزء من البحث عن كيفية اكتشاف كل شخص للعمل الذي يحبه، ومنها ليصبح فنه الذي سينشغل به في حياته، لن أُنكر أنني لم أعرف كيفية الوصول للخطوة الأولى في هذا الموضوع، لكن الاستمرارية في الظهور، والاستمرارية في أداء العمل، وخلق الروتين والبحث المستمر مع العناصر المذكورة ربما ستصل بنا إلى ذلك.

عَنْ أَبِي الدَّرْدَاءِ، قَالَ، قَالَ رسول الله صَلَّى الله عليه وسلَم: «إِنمَّا الْعِلْمُ بِالتَّعَلُّمِ، والحِلْمُ بِالتَّحَلُّمِ، وَمَنْ يَتَحَرَّ الخَيْرَ يُعْطَهُ، وَمَنْ يَتَوَقَّ الشَّرَّ يُوقَهُ»

- حديث شريف

لا توجد خريطة طريق واضحة لحياتنا، وفي المقابل يوجد هناك أربعة وعشرين ساعة وعقل يمكن لنا أن نتحكم به، وأن نُغذيه كما نُريد لنحصل على عدة نقاط نربطها لتصنع لنا المستقبل الذي نُريده، ونجد أحد أهم تلك النقاط في مفهوم حياة الفنانين. وجدت عند الفنان المثابرة، والعمل المتواصل، وعدم البحث عن الأمور السهلة وأقصر الطرق. والأهم عدم امتلاك قدرات إنسانية خارقة، بل صناعتها. معظم الفنانين والناجحين في هذه الحياة قد ساهموا في خلق حظوظهم ليستمتعوا بعد ذلك بما وصلوا إليه، تحدثت عن الفنون وحياة الإنسان في كل العصور، وتحدثت عن خلاصة الحياة التي عاشها معظم الفنانين مع العناصر المشتركة التي وجدتها بينهم، والتي خلقت فيهم لقب الفنان كما أحببت أن أُسميها.

لا أود أن أكون أحد رواد تطوير الذات الآخرين ، ولم أسعَ يومًا لأكون ذلك الناصح الذي لم يعمل بما نصح به ، بل أود أن أؤكد عبر هذه السطور أنني بكتابة هذه الكلمات قد أكون بدأت أول خطوات حياة الفنان .

أعلم أن الحظوظ قد تغير حياة الكثير من الناس سلبًا أو إيجابًا ، لكنني في المقابل أعلم يقينًا أن كل الفنانين لم يعلموا ، وربما لم يتخيلوا مستقبلهم للسنوات المقبلة عندما بدأوا فنونهم ، بل أؤكد لك أنهم كانوا يعيشون متعة كبيرة باختيارهم لحياتهم التي عاشوها أو سيعيشوها ، فلولا اختياراتهم ومتعتهم فيها لما كانوا سيكملون بقية الطريق حتى النهاية .

لم أسمع في حياتي عن فنان قد تقاعد قبل أن يموت ، ربما توجد هذه الحالات عند بعضهم ، لكنني بالتأكيد أجزم أن التاريخ لم يسجلهم في صفحاته التي تُشيد بالأشخاص الذين غيروا العالم .

لا يملك الفنان سوى لوحات إرشادية بسيطة ، وبعض الأدلة على نجاح هذه اللوحات التي ربما إن آمن بها البعض ستُغذي طموحاتهم ومستقبلهم .

الحظ سيأتيك:

إن آمنت بفنونك ، وعلمت أن حياتك هي التي ستصنعها بنفسك لا ما يرسمها لك غيرك ، والحظ في رأيي يرتبط بالحب الذي ستصنع من أجله مسكنات للصبر على التحديات التي ستعيشها خلال حياتك في سبيل صناعة الفن .

لا أستطيع أن أضمن لك أي شيء ، بل أقل ما يمكنني فعله هو أن أعطيك بعض اللوحات الإرشادية ، وآمل أن أكون قد أعطيتك يا صديقي كل ما أملك في هذا الأمر من خلال الصفحات السابقة ، لكنني أعدك أنني سأكون معك بالسير على هذه اللوحات إن رغبت بالاستدلال بها في حياتك .

شكرًا على وقتك

أحمد

مدونة أحمد حسن مشرف

:amoshrif.com

لا يكتب الكاتب في العادة إلا لأقصى ما توصل إليه عقله من وعي وخيال، وتجربة حقيقية في حياته ليتمثل كل ذلك أو شيء منه أمام القارئ؛ فالروائي مثلاً ينشغل بخلق خياله الخاص مبتدءًا بفكرة لتنتهي بمشروع كتاب!

عندما قررت أن أكتب كتاب «ثورة الفن»، اتجهت مدة عامين تقريبًا قبلها لأعصر أفكاري وألخص تجاربي العملية (وإن كانت متواضعة)؛ لتكون في متناول اليد مجانًا لكل مهتم بالبحث عن فكرة يومية عن العمل، الاقتصاد أو الفن. وذلك عبر كتابة مقالات شبه يومية في صفحتي الخاصة.

انتهيت من كتابة مقالتي رقم «٢٠٠» تزامناً مع الانتهاء من كتابة كتاب «ثورة الفن». وجدت في تجربة التوثيق اليومي للأفكار تطبيقًا ممتازًا لما يدعيه الكتاب من سلوكيات قابلة للتطبيق؛ فأصبحت أكتب كل يوم

تقريبًا مقالة بمتوسط عدد «٢٥٠ كلمة» ماعدا الجمعة والسبت، والإجازات الرسمية، بل ووجدتها فرصة ممتازة أيضًا للتدرب على تطوير كتاباتي قبل أن أخرج بهذا الشكل الرسمي مليئًا بالعيوب (رغم عدم إنكار وجودها الآن).

أصبح جزءًا كبيرًا من المقالات يحمل معلومات، وخبرات قيّمة كُنت قد عشت بعضها، وقرأت البعض منها في كُتب ومصادر مختلفة.

أعلم أن الكتابة حجة على الكاتب قبل أن تكون «فلسفة على الآخرين»، كما نقول بالعامية، بل وأجد أن التشويق الأكبر هو إلزام النفس بما كُتب؛ ليكون حجة عليّ وتذكيرًا صريحًا بضرورة تطبيق أي كلمة كُنت قد كتبتها، ونشرتها أمام الجميع.

وكم آمل أن تشاركني هذه التجربة، بزيارتك واشتراكك في صفحتي لعلي عبر إرسال مقالاتي المجانية يوميًا. قد أُساهم في تغيير شيء ما في حياتك.

أؤكد لك أنني لستُ كاتبًا من الطراز الأول حتى هذه اللحظة؛ فأنا أزعم أن حياتي في معظمها تدور حول عالم المال والأعمال، وبذلك سأحرص على توثيق كل ما أمرّ به من تجارب ودروس عبر كتاباتي المجانية، والأخرى المنشورة على شاكلة الكُتب.

قائمة المراجع

كل كتاب من هذه الكُتب المذكورة في الأسفل كان له دوراً مباشراً أو غير مباشر في إثراء حياتي الشخصية ، وأيضًا لأستزيد منها ، والخروج بمحتوى هذا الكتاب الذي بين يُديك ، أرجو ألا تتردد في الاطلاع عليها أو اقتناء بعضها ، من يدري ... لعل الله يُحدث بها أمراً .

Brandt R.L. 2012. *One Click: Jeff Bezos and the Rise of Amazon.com. Portfolio Trade.*

أمازون دوت كوم ... وكل ما تحتاج معرفته (تقريبًا) عن الشركة .

Coelho P. 2004. *Warrior of the Light: A Manual. HarperOne.*

بعض الإلهامات البسيطة من باولو كويلو ... في إطار غير روائي .

Collins J. 2001. *Good to Great: Why Some Companies Make the Leap.And Others Don't. HarperBusiness.*

كتاب غني عن التعريف ، وأجده من أفضل الكُتب عن عالم المال والأعمال خلال العشرين سنة الماضية ، وهو خلاصة بحث لفترة طويلة في أكبر الشركات الموجودة في السوق الأمريكي ... أبدع جيم كولينز فيه .

Currey M. 2013. *Daily Rituals: How Artists Work. Knopf.*

أهم مرجع بالنسبة لي لطقوس أهم الفنانين .

Dean J. 2013. *Making Habits, Breaking Habits: Why We Do Things, Why We Don't, and How to Make Any Change Stick. Da Capo Lifelong Books.*

هذا الكتاب يُناقش العادات (بنائها وهدمها) من زوايا مختلفة ، وأجد أن محاولة الكتاب لإقناعي بأن ٢١ يومًا لن تكفي بالضرورة؛ لتغيير العادات الصعبة قد نجحت .

Glei J.K. & 99U 2013. *Manage Your Day-to-Day: Build Your Routine, Find Your Focus, and Sharpen Your Creative Mind (The 99U Book Series). Amazon Publishing.*

كتاب رائع ، صغير ، وشيق يعلمك كيف تبني يوم بيوم حياتك العملية .

Glei J.K. & 99U 2013. Maximize Your Potential: Grow Your Expertise, Take Bold Risks & Build an Incredible Career (The 99U Book Series). Amazon Publishing.

أيضًا كتاب رائع ... شيق وصغير، يعلمك أن تزيد من فرصك وحظوظك (بعد أن تبني يومك) .

Godin S. 2001. Unleashing the Ideavirus: Stop Marketing AT People! Turn Your Ideas into Epidemics by Helping Your Customers Do the Marketing thing for You. Hyperion.

أكثر كتاب إلكتروني تحميلاً في التاريخ، ولعله من أكثر الكُتب التي أخذت من اسمها نصيب .

Godin S. 2008. Tribes: We Need You to Lead Us. Portfolio Hardcover.

هناك شخصان من وجهة نظر هذا الكتاب : قائد وتابع ... يحاول بخفة أن يجعلك من الفئة الأولى .

Godin S. 2011. Linchpin: Are You Indispensable? Portfolio Trade.

اقتبست منه القطعة في صفحتي الأولى من الكتاب، مملوء بالمعلومات، والأهم أنه يجعلك تتساءل ... هل فعلاً أنا شخص يمكن الاستغناء عنه ؟

Godin S. 2011. Poke the Box. The Domino Project.

لن تتجاوز في قراءته ساعتين ... يدفعك لاكتشاف ما لم تكتشفه عن نفسك .

Godin S. 2012. The Icarus Deception: How High Will You Fly? Portfolio Hardcover.

سأعترف أن هذا الكتاب كان بمثابة الشعلة التي أشعلت حبي للكتابة والفن، ولمفهوم العمل بفن، يجب أن يكون في مكتبتك .

Henry T. 2013. Die Empty: Unleash Your Best Work Every Day. Portfolio Hardcover.

هل فكرت ماذا تريد أن تفعل قبل أن تموت؟ ... ستفكر بعد قراءة هذا الكتاب بالتأكيد .

Huffington A. 2014. Thrive: The Third Metric to Redefining Success and Creating a Life of Well-Being, Wisdom, and Wonder. Harmony.

أريانا هافينجتون ... مؤسسة اسرع مجلة نموا في العالم، كيف كانت وكيف أصبحت أكثر نجاحًا وبهجة الآن .. كتاب مليء بالحِكم .

Isaacson W. 2004. *Benjamin Franklin: An American Life. Simon & Schuster.*

أفضل مرجع لكل شخص مهتم بقراءة سيرة بينجامين فرانكلين .

King S. 2010. *On Writing: 10th Anniversary Edition: A Memoir of the Craft. Scribner.*

ستيفن كينج ... أحد أبطالي الشخصيين سيجعلك تُحُب أن تكتب رغمًا عنك، وأزعم أن هذا ما حصل لي .

Kleon A. 2012. *Steal Like an Artist: 10 Things Nobody Told You About Being Creative. Workman Publishing Company.*

مجموعة نصائح في أداء فنك كما يجب ... في كتاب صغير وشيق .

Maxwell J.C. 2007. *Talent Is Never Enough: Discover the Choices That Will Take You Beyond Your Talent. Thomas Nelson.*

الموهبة لن تكفي أبدًا ... هذا كل ما يتحدث عنه هذا الكتاب الرائع .

Mycoskie B. 2012. *Start Something That Matters. Spiegel & Grau.*

قصة شركة تومس للأحذية ... مع الكثير من الإلهام .

Pink D.H. 2006. *A Whole New Mind: Why Right-Brainers Will Rule the Future. Riverhead Trade.*

لماذا يجب أن تزيد جرعة الفن في عقلك تدريجيًا؟ ... لأن المستقبل مرهون بالشق الأيمن من دماغنا .

Pressfield S. 2011. *Do the Work. The Domino Project.*

كتاب صغير ... يذكرك أن العمل أهم من التخطيط غالبًا .

Pressfield S. 2011. *The Warrior Ethos. Black Irish Entertainment LLC.*

كتاب فلسفي إلى حد ما، لكنه عملي أيضًا .

Pressfield S. 2012. The War of Art: Break Through the Blocks and Win Your Inner Creative Battles. Black Irish Entertainment LLC.

هذا الكتاب يجب أن يكون موجوداً في أي مكتبة ... وخصوصًا مكتبات الفنانين، لا يمكن وصف روعته وبساطته وتأثيره غير الطبيعي ... جرب!

Create Your Life's Work. Black Irish Entertainment LLC.

العمل ... أولاً، ثم لنكن محترفين ثانيًا.

Randall D.K. 2013. Dreamland: Adventures in the Strange Science of Sleep. W. W. Norton & Company.

مشاكلي مع النوم كثيرة، وقد حللت بعضها مع هذا الكتاب.

Godin S. Stop Stealing Dreams (What is school for?).

كتاب مجاني متوفر على الإنترنت، يناقش أهمية المدارس والجامعات!

Sinek S. 2014. Leaders Eat Last: Why Some Teams Pull Together and Others Don't. Portfolio Hardcover.

يعتبر سايمون سينك من رواد الإدارة الشباب .. كتاب جميل وأعتقد أنه سيضيف لك الكثير.

Tharp T. 2006. The Creative Habit: Learn It and Use It for Life. Simon & Schuster.

تويلا ثارب ... مصممة الرقصات الأولى في العالم ... تتحدث عن عادة الإبداع، وتقنع كل شخص بأن يتعلمها ويطبقها في حياته.

Thomas E. 2013. The Secret to Success.

الكثير الكثير من الإلهام مع إيريك توماس.

Trump D.J. & B. Zanker 2008. Think Big: Make It Happen in Business and Life. HarperBusiness.

الكثير الكثير من التشويق والقصص الغريبة حول أهمية التفكير بشكل كبير مع دونالد ترامب (قبل أن يصبح رئيسًا للولايات المتحدة).

www.ingramcontent.com/pod-product-compliance
Lightning Source LLC
LaVergne TN
LVHW041517170726

843492LV00005B/1543